Domenico Gentile

Domenico Gentile liebt seit jeher die italienische Küche. Als Sohn eines kalabrischen Landwirts verbrachte er als Kind die Sommer in Süditalien. Dort schaute er am liebsten seiner Großmutter und seiner Tante beim Kochen über die Schulter und half schon in jungen Jahren bei der Olivenernte oder beim Einkochen von Sugo. Diese Erfahrungen prägten ihn sehr. 2014 rief er den Blog „Cooking Italy" ins Leben. Als größter italienischer Foodblog Deutschlands zählt er monatlich 250.000 Aufrufe. Er ist zudem als Foodscout tätig und fungiert als Bindeglied zwischen den Kulturen.

Sein erstes Buch „Casalinga" war das meistverkaufte italienische Kochbuch 2021. „Cucina della nonna" ist sein drittes Kochbuch.

cucina della nonna

Domenico Gentile

cucina della nonna

TRADITIONELLE FAMILIENREZEPTE AUS MEINER ITALIENISCHEN HEIMAT

Food-Fotografie: Hubertus Schüler

Gemüse-Peperonata

Kalabrische Rinderrouladen

Pasta mit Bohnen

Spaghetti mit Ricotta-Wurst-Sauce

Pizza mit Sardinen

Pasta mit Paprikasauce

Kalabrisches rundes Brot mit Loch

Kuchen mit Nuss-Honig-Schnecken

Teigtaschen mit Nuss-Nugat-Füllung

Inhalt

Meine Tante Caterina und meine Cousine Tina vor dem Haus meiner Tante.

Calabria – terra mia

RICETTE DELLE NONNE

Ich sitze im Esszimmer meiner Tante Caterina zwischen meiner Cousine Tina und ihr. Die beiden diskutieren lautstark und leidenschaftlich. Für deutsche Ohren würde es klingen, als ob die beiden einen handfesten Familienstreit austragen. Tatsächlich diskutieren sie über die richtige Art, einen Gemüseauflauf aus Auberginen zuzubereiten. Die eine findet Knoblauch unverzichtbar, die andere widerspricht. Eine frittiert die Auberginen, die andere würde das so nie machen. Es ist ein ganz normales Gespräch, wie es vermutlich überall und täglich tausendmal in Italien stattfindet. Mir wird in diesem Moment wieder bewusst, welchen hohen Stellenwert Lebensmittel, überlieferte Rezepte und Traditionen in den Dörfern Italiens haben – im Süden vielleicht sogar noch etwas mehr als im Norden.

Essen ist hier der Mittelpunkt, um den sich in der Familie alles dreht. Kaum jemand kocht in Italien einfach nur, um sich oder andere satt zu bekommen. Niemand will sich in der Küche Mühe sparen, effizienter kochen oder über Fertiggerichte nachdenken. Ganz im Gegenteil: Die Pasta, die Tomatensauce, der Käse, alles wird in liebevoller Handarbeit oft in der weiteren Nachbarschaft hergestellt und auch zu Hause in der Küche in Handarbeit verarbeitet. In Italien nutzen wir dafür den Ausdruck *kilometro zero*, was unterstreicht, dass wir alle Zutaten aus der unmittelbaren Nachbarschaft oder Region beziehen und dafür keine großen Strecken zurücklegen. Selbst bei einfachen Lebensmitteln wie Mehl und Zwiebeln ist man wählerisch.

Mich haben diese Eindrücke von klein auf geprägt und sie bestimmen nach wie vor mein Leben, meinen Alltag und sogar meinen Beruf, obwohl ich seit Langem in Deutschland lebe.

Einen ganzen Monat habe ich in Kalabrien, tief unten im Süden Italiens, verbracht, unterwegs mit Menschen aus Deutschland auf einer kulinarischen Entdeckungsreise. Ich liebe es, diese Touren zu führen, und besuche mit den Gästen traditionelle Bauern, ambitionierte kleine Lebensmittelbetriebe und -hersteller, versteckte Restaurants und die berühmten Märkte der Region. Fast nebenbei ist dabei dieses Buch entstanden. Nahezu jede Gelegenheit habe ich genutzt, um nicht nur Land und Leute, sondern auch diese intensive Begeisterung für unverfälschte Qualität im täglichen Leben in Text und Bild einzufangen.

Doch zurück zu meiner Tante und meiner Cousine, die sich noch immer lautstark austauschen, während ich ganz entspannt wohl eines der besten Mittagessen dieser Reise

Noch während ich esse, erhebt meine Tante sorgenvoll die Stimme, ich solle doch mehr essen und ich hätte auch noch nichts von der Soppressata und dem Provolone probiert.

genieße. Noch während ich esse, erhebt meine Tante sorgenvoll die Stimme, ich solle doch mehr essen und ich hätte noch nichts von der Soppressata und dem Provolone probiert. Noch während sie das zu mir sagt, steht sie auf, erwähnt auf dem Weg in die Küche hastig, dass sie noch frische Eier von den Hühnern aus dem Stall mitgebracht hat, und erinnert sich laut aus der Küche heraus daran, dass ich als Kind immer nur gebratene Spiegeleier wollte. Nichts kann sie jetzt davon abhalten, mir schnell ein Spiegelei zu braten.

Während ich das niederschreibe, denke ich immer wieder an den Auberginenauflauf, an die gebackenen Tomaten und die Paprika, die mit Kartoffeln in den Händen meiner Tante zu den besten Antipasti Kalabriens werden.

All das kann man nur verstehen, wenn man wie ich immer wieder die gesamten Sommerferien in der Schulzeit in einem kleinen Dorf in Süditalien verbracht hat. Sechs Wochen im Jahr war ein kleines Dorf in Kalabrien mein Zuhause – Pallagorio, ein Dorf in der Provinz Crotone. Eintausend Einwohner, die noch heute einen Dialekt sprechen, den man Arbëresh nennt und der aus dem Albanischen stammt. Solche regional stark unterschiedlichen Einflüsse ergaben sich meist aus der sehr vielfältigen, bewegten Geschichte einzelner Regionen Italiens, die so auch Einfluss auf die Art zu kochen nahmen.

Pallagorio bildet mit den beiden Dörfern Carfizzi und San Nicola dell'Alto eine Minderheit aus albanisch abstammenden Völkern in Kalabrien. Mitte des 14. Jahrhunderts führte genau hier Georg Kastriota, genannt Skanderbeg, ein Fürst aus einem albanischen Adelsgeschlecht, der damals bis zu seinem Tod dem Königreich Neapel als Militärkommandant diente, seinen Kampf gegen die Osmanen. Durch seine Verteidigung des Fürstentums Kastrioti erhielt er von einem Papst seiner Zeit den Ehrentitel „Kämpfer des Christentums". Bis heute wird Skanderbeg gerade in diesen drei Dörfern als großer Nationalheld gefeiert. Auch in ihrer Küche spiegelt sich dieser Teil der Geschichte und der regionalen albanischen Einflüsse noch heute wider.

Doch auch die Griechen haben in Kalabrien ihre Spuren hinterlassen – und das keineswegs nur in der Küche. Griechische Wörter, Namen und alte Städte sind in ganz Kalabrien allgegenwärtig.

Die Provinzhauptstadt Crotone nannte man früher „Kroton" – die Geschichte dieser Stadt reicht bis ins 15. Jahrhundert vor Christus zurück. Das alte Kroton war Teil der

Oben links: Gerace. Oben rechts: Pizzo. Unten: Umbriatico.

#VICOBENE
I
LOVE
PIZZO

Zu fünft in einem kleinen Ford voller Gepäck und noch mehr Geschenken für die Familie ging es in die Heimat – im Stauraum Socken, Hemden, Schokolade, für die Tante ein Bügeleisen und für den Onkel eine Bohrmaschine.

Magna Graecia und der berühmte Zeuxis soll im Tempel der Hera ein Bildnis der Helena geschaffen haben. Berühmte Athleten der Antike wie der berühmte Ringer Milon sollen aus Kroton stammen. Heute zeugt davon zum Beispiel noch ein prämierter Kräuterlikör aus Crotone mit seinem Namen. 530 vor Christus ließ sich übrigens wohl auch der Philosoph Pythagoras in Kroton nieder.

Ich komme nach Kalabrien, so lange ich denken kann. Diese Region ist meine zweite Heimat. Nicht zuletzt wegen meiner Tante und meiner Cousine. Zusammen mit meinen beiden Brüdern haben wir uns jedes Jahr mit dem Auto von Ludwigshafen nach Crotone in Süditalien auf den Weg gemacht. Zu fünft in einem kleinen Ford voller Gepäck und noch mehr Geschenken für die Familie ging es in die Heimat – im Stauraum Socken, Hemden, Schokolade, für die Tante ein Bügeleisen und für den Onkel eine Bohrmaschine.

Heute weiß ich natürlich nicht mehr im Detail, was alles in den vielen Koffern war, aber ich weiß, dass wir schon Wochen vorher alles Mögliche eingekauft haben. Bis ich etwa zwölf Jahre alt war, waren diese Reisen ein großes Abenteuer, später dann, mit etwa zwölf oder dreizehn Jahren, aber spätestens mit der ersten richtigen Freundin waren mir die sechs Wochen weg von meinen Freunden ein absoluter Graus. Ich habe damals in all den Jahren nur sehr wenig von Kalabrien gesehen. Auch sonst war ich in den Ferien nie woanders als in dem kleinen Bergdorf Pallagorio, dem Ort, in dem meine italienische Familie heute noch lebt. Als ich meine Ausbildung zum Hotelfachmann begann, hatte ich endlich einen Grund, nicht mehr sechs Wochen im Sommer nach Kalabrien zu reisen, und freute mich, meinen Urlaub so zu verbringen, wie es mir gefiel. Für einen kalabrischen Vater steht die Arbeit immer an erster Stelle und das war Argument genug, um mich vom jährlichen Urlaub in der Heimat freizustellen. Für mich waren das ganz besondere Zeiten, denn endlich konnte ich meine Sommer gestalten, wie ich es wollte. Vier oder fünf Jahre war ich dann nicht mehr dort. Irgendwann packte mich aber doch wieder die Sehnsucht nach meiner Familie und dem kleinen Dorf in den Bergen Kalabriens und ich machte mich zum ersten Mal selbst auf den Weg, die 1.900 Kilometer mit dem Auto aus Deutschland nach Crotone zu fahren.

Zum ersten Mal fuhr ich nun also selbst diese Strecke, die wir damals zu fünft im

Oben links: meine Cousinen Rita, Maria und Agata (Tina). Unten links: Prozession der heiligen Madonna in Pallagorio. Rechts von oben nach unten: Tante Caterina, Cousine Filomena, Cousine Carmelina und Onkel Carmine, darunter: Hochzeitsbild von Tante Caterina und Onkel Carmine, darunter von links nach rechts: mein Vater Salvatore, meine Tante Teresa, meine Großmutter Agata, mein schon als Kleinkind verstorbener Onkel Antonio, mein Großvater Domenico und mein anderer Onkel Carmine. Unten: Cousine Agata (Tina), Onkel Carmine, Cousine Rita, Cousin Domenico, Tante Teresa und Cousine Maria.

Kleinwagen zurückgelegt hatten. Heute frage ich mich oft, wie man solch eine Distanz ganz selbstverständlich mit dem Auto und mit so vielen Menschen Jahr für Jahr auf sich genommen hat. Aber meine Freunde aus Sizilien, Kampanien und Apulien erzählen mir heute noch jedes Mal, wie es früher war: Fliegen war 1980 oder 1990 einfach unglaublich teuer, zudem fühlte man sich nicht wirklich sicher. Na ja, und angesichts des üblichen Gepäckumfangs einer Familie erübrigt sich jede weitere Frage. Denke übrigens bitte nicht, dass das Auto bei der Rückreise ohne die Gastgeschenke leerer war. Regelmäßig fuhren wir also genauso überladen zurück, mit Hunderten Litern Wein, Olivenöl, dazu Salami, Pecorino, eingelegtes Gemüse und viele andere Köstlichkeiten, deren Wert ich damals noch nicht erkannte.

Erst bei meinen späteren Reisen nach Kalabrien entdeckte ich die Region für mich völlig neu. Ich fuhr an mir bisher unbekannte Strände, besuchte den Markt von Crotone, von dort nach Le Castella, dann zum Torre Aragonese und schließlich vom Ionischen zum Tyrrhenischen Meer. Zum ersten Mal sah ich das malerische Städtchen Tropea, „die Perle Kalabriens", mit meinen eigenen Augen. Ich aß ein Tartufo in Pizzo und erlebte das Fest des Peperoncinos in Diamante. Spontan entstand in meinem Kopf die Idee, mit diesen wunderbaren Lebensmitteln mehr zu machen. Ich lernte schnell Menschen kennen, die zu diesem Thema genau wie ich etwas bewegen wollten und vor Ideen nur so sprudelten. Das war mein Ding. Da ich bereits in der Gastronomie tätig war, wollte ich so schnell wie möglich Produkte aus Kalabrien nach Deutschland bringen. Ich überlegte, wie ich Pasta, Tomaten, Olivenöl, Salami und vieles mehr in Deutschland einführen könnte, und begann, ausgesuchte Produkte zu kaufen. Schnell musste ich feststellen, dass es nicht so einfach ist, Produkte nach Deutschland zu importieren. Auch erkannte ich, dass nicht alle Produkte für den Versand ideal waren oder dass Produkte dabei waren, die Menschen in Deutschland gar nicht kennen und dementsprechend ihnen gegenüber zurückhaltend waren. So musste ich meine Strategie ändern und einen Weg finden, wie man hierzulande für Spezialitäten wie 'Nduja, Soppressata, Maccheroncini und Caponata das Interesse weckt.

Hoch motiviert versuchte ich, alles über die Produkte zu erfahren, die man vor allem in Kalabrien findet und verwendet. Diesen Produkten begegnet man in Deutschland bisher nur selten und wenn, dann nur vereinzelt in ausgesuchten Läden. Soppressata ist so ein Fall. Dabei handelt es sich um eine Salami aus Schweinefleisch, die in einen Naturdarm gepresst wird. Oder die allgegenwärtigen Peperoncini, kleine scharf-süßliche Peperoni, die man in allen Farben und irgendwie zu allem isst. Auch sie findet man in dieser Form hier leider nur selten. Peperoncino und rote Paprika werden zudem in unzähligen köstlich-würzigen Wurstwaren oder für die Sardella verwendet, eine Paste aus ganz jungen Sardellen, den Bianchetti oder Neonati, die teilweise Monate eingelegt und dann mit Peperoncino und Paprika zu einer herrlich würzigen Paté verarbeitet werden. Lange habe ich nach dem richtigen Lieferanten für Sardella gesucht. Man isst sie in Italien

Links und unten: Markt in Crotone. Rechts: Trattoria in Gerace.

NON PREMERE
i POMODORI

TRATTORiA

PICCANTE
CALABRESE
AGLIO DI CALABRIA
SABINA
PICCANTI
2,50

Tomaten sind allgegenwärtig und ein besonderes Thema im Süden. Im August fahren Transporter dort überall die blauen oder schwarzen Kisten voller frisch geernteter Tomaten durch die Landschaft. In jedem Dorf sitzen dann Frauen vor den Türen, waschen Tomaten, passieren sie und kochen sie in Gläsern ein.

in so gut wie jedem Restaurant – vor allem mit Brot zu Beginn eines Menüs oder auf Pizza oder Focaccia. Eines der wichtigsten Produkte Kalabriens ist sicher die 'Nduja, eine Streichwurst aus Schweinefleisch und Peperoncino aus dem kleinen Ort Spillinga. Auch die 'Nduja ist vielseitig einsetzbar und wird heute überwiegend zum Verfeinern von Saucen und auf geröstetem Brot verwendet. Andere Produkte Kalabriens haben es längst geschafft und werden schon viele Jahre in der Welt verwendet, so wie die Bergamotte, eine Zitrusfrucht, die in der Parfümindustrie zum Einsatz kommt. Darüber hinaus ist sie eine gefragte Zutat für Earl-Grey-Tee. Auch Lakritz aus Kalabrien ist sehr gefragt und die Manufaktur Amarelli liefert bereits seit vielen Jahren kleine Lakritzpastillen in die ganze Welt.

Kalabrien ist mit Apulien zudem einer der größten Olivenölproduzenten Europas. Ich selbst verwende in der Küche nur die Olivenöle, die zu 100 Prozent biologisch, immer kalt gepresst und von höchster Qualität sind. Prägend sind außerdem Hülsenfrüchte wie Bohnen aller Art, Kichererbsen (auch schwarze), Linsen und eine alte Sorte namens Cicerchia. Sie repräsentieren die Küche Kalabriens genauso wie Zucchini, Auberginen, Kürbis sowie alte Weizensorten wie Dinkel und der Urweizen „Senatore Capelli", der noch heute überwiegend für Brot und handgemachte Pasta Verwendung findet. Gemüse wie wilder Fenchel und wilder Spargel sind unverzichtbare Zutaten, die man seit Hunderten Jahren in Kalabrien am Feldrand sammelt und zu schmackhaften Gerichten verarbeitet. Darüber hinaus trocknet man Feigen, Tomaten und Paprika und ist fast täglich damit beschäftigt, Gemüse in Gläsern haltbar zu machen, Marmeladen einzukochen oder Antipasti für das gesamte Jahr vorzubereiten. Tomaten sind allgegenwärtig und ein besonderes Thema im Süden. Im August fahren Transporter dort überall die blauen oder schwarzen Kisten voller frisch geernteter Tomaten durch die Landschaft. In jedem Dorf sitzen dann Frauen vor den Türen, waschen Tomaten, passieren sie und kochen sie in Gläsern ein.

Fleisch ist auch in der Küche im Süden wichtig, wird aber eher zurückhaltend und sparsam eingesetzt. Schließlich war Fleisch immer knapp – und ist es bis heute. Für die Fleischversorgung kaufte man im Januar ein oder zwei Schweine, fütterte sie bis Dezember mit den Resten und schlachtete sie, um daraus Pancetta, Salsiccia und andere Wurstwaren zu machen, wovon man das gesamte Jahr zehren konnte. Jahrelang habe ich damals in den Ferien meiner Tante Caterina geholfen, die Essensreste und Kochabfälle der Familie in den Schweinestall zu bringen und anschließend den Stall sauber zu machen.

Kalabrien zählt heute noch zu den ärmsten Regionen Italiens. Industrie gibt es nur sehr wenig und leider steckt der Tourismus noch immer in den Kinderschuhen. Nicht zuletzt deshalb sind nach wie vor viele Familien darauf angewiesen, Gemüse für den Eigenbedarf und für den Verkauf anzubauen, ihre Wurst, Ricotta und andere Dinge für die Selbstversorgung herzustellen.

Neben all den genannten Produkten gehört jedoch eine Zwiebel zu den Glücksfällen der Region und verkauft sich in ganz Europa prächtig. Dabei handelt es sich um die rote Zwiebel aus Tropea. Sie ist dafür bekannt, besonders süß zu sein. Manche Menschen essen die Zwiebel einfach roh mit etwas Brot. Sie wird jedoch für unzählige Gerichte genutzt, mal eingelegt, süßsauer geschmort oder sogar als Marmelade.

Jeder Teil Kalabriens hat seine eigene Spezialität, zum Beispiel das Tartufo aus Pizzo, der Schwertfisch aus Scilla, die Kartoffeln und Steinpilze aus dem Sila-Gebirge sowie das Fleisch von den freilebenden schwarzen Schweinen aus dem Aspromonte-Gebirge. Auch das Fleisch der Podolica-Rinder, die im Sila-Gebirge fast das komplette Jahr draußen weiden dürfen, zählt heute zu den weithin geschätzten regionalen Spezialitäten.

Alles begann für mich eigentlich an dem Tag, als ich meinen heutigen Freund Martino Barretta kennenlernte, den Vorsitzenden der Vereinigung der Landwirte „GAL KROTON“. Er eröffnete mir einen völlig neuen Horizont an herausragenden Produkten kleiner Familienbetriebe meiner Heimat Crotone. Im Laufe der Jahre als Foodscout auf meinen Reisen durch ganz Kalabrien fing ich an, diese regionalen, mit viel Aufwand und Liebe hergestellten Produkte direkt vor Ort zusammen mit den Menschen, die sie herstellen, kennenzulernen und zu schätzen. Jedes Mal, wenn ich eine Erfahrung mit einem neuen Produkt machte, entbrannte in mir umgehend der Wunsch, diese Produkte in andere Kulturkreise zu bringen – vor allem auch, um den Familien in Kalabrien zu helfen.

Oben: meine Tante Caterina beim Trocknen von Peperoncini.
Unten links: im Garten beim Ernten der Peperoncini. Rechts: Grillen von Paprika.

Meine Cousine Tina bereitet gegrillte Paprika zu.

Die authentische Küche Italiens

Authentische, traditionelle Küche entsteht dort, wo Hausfrauen für die ganze Familie kochen. Das ist natürlich nicht nur in Italien so. All die Jahre, in denen ich in der Gastronomie in Deutschland arbeitete und am späten Abend nach meiner Schicht mit Kollegen italienisch essen ging, störte mich immer, dass ich nur selten authentische Gerichte serviert bekam. Die Speisekarten waren oft voll von Rezepten, die es so in Italien nicht gibt. Woher kommt das, dass selbst Italiener in Deutschland in ihren eigenen Restaurants keine authentische Küche servieren? Diese Frage stellte ich mir oft, selbst heute noch. Doch die Antwort ist nicht ganz so einfach. Vermutlich war es ein längerer Prozess der gutgemeinten Optimierung, bei dem die echte italienische Küche an den Geschmack der überwiegend deutschen Kundschaft adaptiert wurde. So kam es dazu, dass irgendwann aus dem klassischen fruchtig-würzigen italienischen Sugo eine üppige Sahnesauce wurde. Diese traf dann wohl gänzlich den Geschmack der zeitgenössischen deutschen Italien-Fan-Community. Sehr schnell fand sich fortan der Sahnegeschmack in nahezu jedem Gericht. Nur schmeckte das schlichtweg nicht mehr nach Italien. Selbst einfache Gerichte wie eine Carbonara, eigentlich zubereitet aus Guanciale, Eiern und Pecorino, transformierte sich auf einmal zu einem Gericht mit deutschem Kochschinken, Sahnesauce und anderen noch grausameren Zutaten. Diese nachgeahmte italienische Küche bekam plötzlich eine seltsame Eigendynamik. Rigatoni alla Chef oder Tortellini alla panna wurden in einer Sahnepampe mit Erbsen und Formfleischschinken serviert oder es tauchten nie gekannte *combinazione* auf, seltsame Kreationen, die es plötzlich in jeder Pizzeria des Landes gab. Doch nicht nur in Deutschland oder anderen europäischen Ländern wurde die traditionelle italienische Küche komplett dem Geschmack der Einheimischen angepasst. Selbst viele Restaurants in den Touristenhochburgen Italiens schlossen sich diesem Trend an: Spaghetti mit Schnitzel auf einem Teller, als Piccata milanese verkauft, oder ein Ragù alla bolognese mit Erbsen, Schinken und Sahne. Verlässt man diese touristischen Pfade und reist in eine der vielen Regionen Italiens, erlebt man die Küche, wie sie sein sollte. Jede Region hat ihre besonderen Spezialitäten. Leider sind entsprechende Restaurants oft gar nicht so leicht zu finden und es passiert immer wieder, dass du an den vermeintlichen Massengeschmack angepasste Speisen findest. Eigentlich hat jede Stadt oder Region ihre besondere Pastasorte, einen speziellen Käse, eigene Salami- und bevorzugte Gemüsesorten. In Kalabrien genießt man zum Beispiel die Pastasorten Fileja, Maccheroncini oder Strozzapreti und in Sizilien sind es eher Busiate. Das erwähnte Ragù alla bolognese ist ein Gericht, das es original nur in Bologna gibt. Im Rest Italiens nennt man eine Fleischsauce einfach nur Ragù.

Für mich wurde es zunehmend wichtiger, aus erster Hand zu erfahren, was man wie in welcher Region im Original serviert. Für manche Menschen mag das kleinlich klingen. Doch wenn ich dich heute frage, wer in Stuttgart die

Oben links: Carveluccia-Brot mit Olivenöl und Zucker. Oben rechts: ich vor unserem Haus mit einem Riesenkürbis.
Unten links: Antonella Grandinetti, die Frau von Pino Maida, beim Abendessen.
Unten rechts: kleines Mittagessen bei meiner Cousine Agata (Tina).

besten Spätzle oder Maultaschen, in Bayern die beste Weißwurst oder Haxn oder in der Pfalz den besten Saumagen macht, würdest du mir hoffentlich niemanden empfehlen, der zu diesen Gerichten die falsche Sauce macht. Warum ist es dann so, dass ein sizilianischer, kalabrischer oder toskanischer Koch in seinem Restaurant in Deutschland etwas kocht, das es so in seiner Heimat gar nicht gibt? Um auf diese Frage eine Antwort zu finden, fuhr ich jahrelang durch Italien von Region zu Region und besuchte Familien sowie Köche in ihren Restaurants, kochte mit den unterschiedlichsten Menschen in ihren Dörfern. So habe ich viel über die traditionelle echte Küche Italiens und über die Einflüsse anderer Kulturen gelernt.

Authentische Küche bedeutet für mich, einfach so zu kochen, wie es die Großmutter ihrer Tochter beibrachte, die es wiederum an ihre Kinder weitergab. Damit sind also traditionelle Rezepte gemeint, die seit Jahrzehnten und noch länger bestehen und die sowohl eine Region als auch ihre Familien repräsentieren – geschützt vor Trends, die ein Gericht letztlich völlig verändern. Die Zugabe von Sahne empfinde ich zum Beispiel alles andere als innovativ, sie macht ein Gericht lediglich austauschbar oder langweilig.

Ich freue mich, dich auf eine Reise in die authentische Küche Kalabriens mitzunehmen und dir Gerichte zu zeigen, die es so oder so ähnlich auch in vielen anderen Regionen Süditaliens gibt. Ein gutes Beispiel dafür ist die Parmigiana, die es in anderen Versionen in Sizilien und Kampanien gibt, oder die Tiella, die nichts anderes als eine bestimmte Auflaufform ist. Oft unterscheiden die Gerichte sich durch einzelne Zutaten, die es eben nur in einer bestimmten Region oder sogar nur in einer Stadt oder einem Dorf gab. Selbst in der gleichen Straße können einzelne Familien ein Gericht durchaus unterschiedlich zubereiten – wie meine Tante und meine Cousine ihren Auberginen-Auflauf.

Natürlich freue ich mich, wenn du meine in diesem Buch gesammelten Originalrezepte nachkochst. Mit etwas Fingerspitzengefühl wirst du vielleicht eine andere Zwiebel einsetzen oder gar ein anderes, aber vergleichbares Gemüse, weil es gerade verfügbar ist. Das ist ganz im Sinn der echten italienischen Küche. Das Wichtigste ist die Qualität der Grundzutaten. Wenn du keine geschmacksintensiven Tomaten bekommst, bestelle einfach im Internet die echten und zur richtigen Zeit geernteten sonnenverwöhnten San-Marzano-Tomaten in der Dose, zum Beispiel von La Carmela. Aber füge bitte keine Sahne oder gekochten Pressschinken anstelle eines Pancettas, der eher Speck nahekommt, hinzu! So wirst du den wunderbaren Aromen der echten italienischen Küche schnell nahekommen und garantiert viel Freude beim Nachkochen der Rezepte haben.

TIPP Über www.shop.cookingitaly.de kannst du Zutaten wie kalabrische Pastasorten oder kalabrische Wurstwaren, die du im normalen deutschen Supermarkt vielleicht nicht so schnell findest, direkt bei mir bestellen.

Abendlicher Spaziergang in Strongoli.

Alle diese Menschen öffnen mir regelmäßig ihre Türen:

Tante Caterina.

Cousine Tina.

Von links nach rechts: Domenico Petrillo vom Agriturismo „La Mandragola", Domenico Gentile, Martino Barretta, der Vorsitzende der Vereinigung der Landwirte „GAL KROTON", und Giuseppe Taliento, Inhaber vom „Joseph" in Crotone.

Antonella Grandinetti, die Frau von Pino Maida, unserem Olivenöllieferanten, und ihre Mama Lucrezia Scalise.

Unser liebstes Fischrestaurant „MicoMare" mit Blick auf das Castello in Le Castella.

Salvatore Astorino von der Pasta-Manufaktur „Astorino" in Crotone.

Familie Greco vom „Pastificio Greco". Pina (links) war immer meine Nachbarin. In der Mitte ihre Tochter und rechts der Schwiegersohn.

Meine Heimat in Kalabrien: das Dorf Pallagorio.

14

Antipasti, contorni e zuppe

VORSPEISEN, BEILAGEN UND SUPPEN

Ein Menü in der Familie und den meisten Restaurants in Süditalien beginnt mit verschiedenen Antipasti. Je nachdem, in welcher Region man sich aufhält, bestehen diese Antipasti aus den wichtigsten Zutaten, die im Umkreis von 50 Kilometern und meist noch weniger wachsen, produziert beziehungsweise angebaut werden. Diese Vorspeisen können sowohl kalt als auch warm serviert werden. Es ist nicht unüblich, dass Antipasti bei einem Menü bis zu zehn verschiedene Teller umfassen.

Patate melanzane e peperone

Gemüse-Peperonata

Diese schmackhafte Peperonata eignet sich hervorragend, um auch kalt verzehrt zu werden. Bei der Zubereitung von Auberginen gilt: Sie werden immer süßlicher und feiner im Geschmack, je länger man sie kocht oder backt. Kurz angebratene, gegrillte Auberginen sehen zwar gut aus, doch schmecken meist nicht, da sie einfach noch nicht richtig gar sind. Deshalb ist die Aubergine in Deutschland oft nicht sehr beliebt. Zeig den Leuten, wie es richtig geht!

Zubereitungszeit 35 Minuten plus ca. 25 Minuten Ruhezeit

Für 4–6 Personen
2 mittelgroße Auberginen
Salz
3 Kartoffeln
1 rote Paprika
1 gelbe Paprika
5 EL Olivenöl extra vergine
1 Knoblauchzehe
1 kleine rote Tropea-Zwiebel (alternativ 2 Schalotten)
2 Tomaten
1 Stängel Basilikum
schwarzer Pfeffer aus der Mühle

Auberginen waschen, putzen und grob in 2–3 cm große Stücke schneiden. In eine Schüssel geben, **salzen** und etwa 25 Minuten ruhen lassen. • Inzwischen **Kartoffeln** schälen und grob in 2–3 cm große Stücke schneiden. Beide **Paprika** waschen, entkernen und ebenfalls grob in 2–3 cm große Stücke schneiden. 3 EL **Olivenöl** in einer großen Pfanne erhitzen. Kartoffeln und Paprika hinzugeben und unter gelegentlichem Rühren etwa 5 Minuten anbraten. • Von den Auberginen die ausgetretene Flüssigkeit mit Küchenpapier abtupfen. Auberginenstücke mit in die Pfanne geben und etwa 15 Minuten unter gelegentlichem Rühren mitbraten. Sobald die Kartoffeln weich sind, alles aus der Pfanne nehmen und restliches **Olivenöl** darin erhitzen. **Knoblauchzehe** schälen und die ganze Zehe darin goldbraun anbraten. Aus der Pfanne nehmen und entsorgen. • Inzwischen die **Zwiebel** schälen und fein hacken. **Tomaten** waschen, in kleine Stücke schneiden, dabei die Stielansätze entfernen, dann mit den Zwiebeln in die Pfanne geben und im Knoblauchöl einige Minuten braten. • Das gebratene Gemüse wieder dazugeben. **Basilikum** abbrausen, trocken schütteln, Blätter abzupfen, in die Pfanne geben und mit **Salz** und **Pfeffer** würzen.

vegan, laktosefrei, glutenfrei, frei von raffiniertem Zucker

Pancotto calabrese

Brotsuppe

Eine typische Arme-Leute-Suppe. Wie in vielen Regionen Italiens ist und war die Einlage von altbackenem Brot eine gängige Methode, eine kostengünstige und sättigende Beilage zuzubereiten. Pancotto, was nichts anderes als „gekochtes Brot" bedeutet, kommt tatsächlich mit sehr wenigen Zutaten aus und schmeckt dennoch hervorragend. Dabei spielt die Qualität der wenigen Zutaten die entscheidende Rolle. Man sollte wirklich nur hochwertiges Olivenöl extra vergine verwenden.

Zubereitungszeit 25 Minuten plus 30 Minuten Garzeit

Für 4 Personen

1 Stange Staudensellerie
4 EL Olivenöl extra vergine
1 Knoblauchzehe
1 milder roter Peperoncino (Chili)
1 Bund glatte Petersilie
100 g Pelati (geschälte ganze San-Marzano-Tomaten aus der Dose)
1 Lorbeerblatt
500 g altbackenes Brot
Salz
100 g Pecorino

Staudensellerie waschen, Blätter entfernen, grob hacken, mit **Olivenöl** in einen Topf geben und einige Minuten andünsten. • Inzwischen **Knoblauchzehe** schälen und hacken. **Peperoncino** waschen, entkernen und hacken. **Petersilie** waschen, trocken schütteln und hacken. • **Dosentomaten** zum Sellerie geben. Knoblauch, Peperoncino, Petersilie und **Lorbeerblatt** hinzufügen, umrühren und 5 Minuten dünsten. Dann 800 ml Wasser angießen und 30 Minuten köcheln lassen. • In der Zwischenzeit das **Brot** in 2–3 cm große Würfel schneiden. • 5 Minuten vor Ende der Garzeit die Suppe mit **Salz** abschmecken, die Brotwürfel einrühren und kurz mitgaren. • **Pecorino** fein reiben. Die Suppe in tiefe Teller oder Schalen füllen und mit Pecorino bestreut servieren.

TIPP Als „gekochtes Brot" ist Pancotto nicht so flüssig wie eine klassische Suppe. Du kannst die Konsistenz aber ganz nach eigenem Geschmack abwandeln und etwas mehr Wasser hinzugeben.

vegetarisch, laktosefrei, frei von raffiniertem Zucker

Zuppa maritata alla catanzarese

Hochzeitssuppe nach Catanzaro-Art

Die Hochzeitssuppe aus Catanzaro, der Hauptstadt der gleichnamigen kalabrischen Provinz, ist ein sehr altes Rezept. Die getrockneten Saubohnen, in Italien *fave* genannt, trockenes Brot und der luftgetrocknete, ungeräucherte Guanciale (Speck aus der Schweinebacke) sind lange haltbar und standen somit immer zur Verfügung. So ist es nicht verwunderlich, dass vor allem Hirten diese Zutaten immer auf Vorrat hatten und sich damit auf offenem Feuer einen Eintopf machen konnten. Der wilde Fenchel, den es in Italien in Hülle und Fülle gibt, wurde am Feldrand gesammelt. Heute wird die Suppe meist mit Fenchelknolle zubereitet.

Zubereitungszeit 25 Minuten plus mind. 6 Stunden Einweichzeit und ca. 60 Minuten Garzeit

Für 4 Personen

300 g getrocknete Saubohnen (Dicke Bohnen; alternativ andere getrocknete Bohnen oder getrocknete Kichererbsen)
Salz
1 große Fenchelknolle
2–3 Zwiebeln
1 Chicorée
100 g Guanciale oder Pancetta (alternativ anderer luftgetrockneter Speck)
1 roter Peperoncino (Chili)
100 g Pecorino
4 dicke Scheiben altbackenes Weiß- oder Mischbrot
schwarzer Pfeffer aus der Mühle
2 EL Olivenöl extra vergine

Bohnen in eine Schüssel geben, mit reichlich kaltem Wasser bedecken und mindestens 6 Stunden, besser über Nacht einweichen lassen. • Bohnen abgießen, in einen Topf geben, mit frischem Wasser bedecken, etwas **Salz** zufügen und so lange kochen, bis sie weich sind – das dauert etwa 60 Minuten. • Etwa 15 Minuten vor Ende der Garzeit den **Fenchel** waschen, putzen, grob in Stücke schneiden, zu den Bohnen geben und etwa 10 Minuten mitkochen, bis er weich ist. • Währenddessen **Zwiebeln** schälen und hacken. **Chicorée** waschen und quer in Streifen schneiden. **Speck** in kleine Würfel schneiden. **Peperoncino** waschen, halbieren und entkernen. Zwiebeln mit Chicorée, Speck und Peperoncino in einer großen Pfanne anbraten – die Zwiebelstücke dürfen dabei nicht braun werden. • Dann Peperoncino entfernen und entsorgen, die gekochten Bohnen mit dem Fenchel aus dem Kochwasser heben und in die Pfanne geben, dann so viel Bohnenkochwasser hinzugießen, dass die gewünschte Konsistenz entsteht. Einige Minuten kochen lassen. • Inzwischen **Pecorino** fein reiben. Eine Grillpfanne erhitzen, das **Brot** darin von beiden Seiten grillen und in vier tiefe Teller legen. • Die Suppe mit **Salz** und **Pfeffer** abschmecken und über die Brotscheiben geben. Mit **Olivenöl** verfeinern, Pecorino darüberstreuen, etwas **Pfeffer** darübermahlen und servieren.

laktosefrei, frei von raffiniertem Zucker

TIPP Wer die Suppe dickflüssiger mag: eine Kelle Suppenmischung in einen Mixbecher geben, mit dem Stabmixer pürieren und zurück in die Suppe geben.

Oben: das albanischstämmige Dorf Carfizzi. Unten: ein traditionelles Fest der Arbëresh und die Frauen in ihren Trachten.

Tänze der Arbëresh in Carfizzi.

Minestrone

Gemüsesuppe

Keine Familie in Süditalien, die nicht ein eigenes Rezept für die wohl bekannteste Suppe Italiens hat. Die Minestrone variiert nach Jahreszeit. Auch wenn es eine Suppe ist, die eher im Herbst und Winter serviert wird, gibt es Versionen, die man im Frühjahr und sogar im Sommer genießt, dann sogar als lauwarme Variante.

Zubereitungszeit 35 Minuten plus ca. 50 Minuten Garzeit

Für 4 Personen
1 Stange Staudensellerie
1 große Karotte
1 große Kartoffel
1 große Tomate
150 g Blumenkohl
150 g Mangold
200 g Blattspinat
1 Zwiebel
ca. 7–8 EL Olivenöl extra vergine
Salz
2–3 EL geriebener Parmesan

Staudensellerie waschen, Blätter entfernen und Sellerie würfeln. **Karotte** und **Kartoffel** schälen und würfeln. **Tomate** waschen, den Stielansatz entfernen und ebenfalls würfeln. **Blumenkohl** in kleine Röschen zerteilen und waschen. Stiele vom **Mangold** großzügig wegschneiden, waschen und grob hacken. **Spinat** waschen und abtropfen lassen. • **Zwiebel** schälen, fein hacken, mit 3–4 EL **Olivenöl** in einen großen Topf geben und anbraten, bis sie leicht gebräunt ist. • Sellerie, Karotten, Kartoffeln, Tomaten und Blumenkohl hinzugeben, 200 ml Wasser angießen und zum Kochen bringen. Die Hitze reduzieren, Mangold und Spinat hineingeben, dann so viel Wasser angießen, dass das Gemüse bedeckt ist. Den Deckel auflegen und bei niedriger Hitze etwa 50 Minuten köcheln lassen, dabei zwischendurch umrühren und bei Bedarf und nach gewünschter Konsistenz etwas Wasser hinzufügen. • Erst gegen Ende der Garzeit die Suppe mit **Salz** würzen. Die heiße Minestrone in tiefe Teller oder Schalen füllen, mit **Parmesan** bestreuen und mit restlichem **Olivenöl** beträufeln.

vegetarisch, laktosefrei, glutenfrei, frei von raffiniertem Zucker

Melanzane in carrozza

Frittierte Auberginen-Sandwiches

Frittierte Auberginen-Sandwiches heißen wörtlich „Auberginen in der Kutsche". Sie werden in vielen Teilen Süditaliens auf die unterschiedlichste Art und auch mit den verschiedensten Zutaten zubereitet, zum Beispiel mit 'Nduja (pikante kalabrische Streichwurst) statt Schinken. Diese Version ist ein Klassiker.

Zubereitungszeit 20 Minuten plus 30 Minuten Garzeit

Für 4–6 Personen

Salz
3 Auberginen (insgesamt ca. 800 g)
50 g Pecorino
1 Knoblauchzehe
350 g Paniermehl
schwarzer Pfeffer aus der Mühle
2 Stängel Basilikum
3 Eier (Größe M)
50 ml Milch (3,5 % Fett)
350 g Weizenmehl tipo 00 (alternativ Weizenmehl Type 405)
300 g Provolone in Scheiben (alternativ anderer würzig-milder Schnittkäse mit guten Schmelzeigenschaften)
300 g gekochter Schinken in Scheiben
Sonnenblumenöl

Reichlich Wasser in einem Topf zum Kochen bringen und **salzen.** Inzwischen **Auberginen** waschen, putzen, quer in fingerdicke Scheiben schneiden und im kochenden Wasser etwa 5 Minuten garen. Mit einem Schaumlöffel aus dem Wasser heben und auf Küchenpapier abtropfen lassen. • In der Zwischenzeit den **Pecorino** in eine Schüssel reiben. **Knoblauchzehe** schälen, fein hacken und mit **Paniermehl** und etwas **Pfeffer** zum Käse geben. **Basilikum** abbrausen, Blätter abzupfen, hacken, hinzufügen und alles gut mischen. • **Eier** mit **Milch** und etwas **Salz** in einen tiefen Teller geben und aufschlagen. **Mehl** in einen zweiten tiefen Teller geben. • Die Hälfte der gekochten Auberginenscheiben nebeneinanderlegen und diese mit etwa einer Scheibe **Provolone** und etwa einer Scheibe **Schinken** belegen. Die restlichen Auberginen darauflegen. Die Auberginen-Sandwiches nun zuerst im Mehl wenden, dann in die Eiermasse tauchen, danach von beiden Seiten in die Paniermehlmischung drücken. Etwas abklopfen, erneut von beiden Seiten in die Eiermasse tauchen und noch einmal in der Paniermehlmischung wenden. Diese doppelte Panade sorgt dafür, dass die Füllung beim Frittieren nicht austritt. • So viel **Sonnenblumenöl** in einer Pfanne mit hohem Rand auf mindestens 170 °C erhitzen, dass die Auberginen-Sandwiches fast darin schwimmen können. Im heißen Öl portionsweise von beiden Seiten goldbraun backen. Auf Küchenpapier kurz abtropfen lassen und heiß servieren.

frei von raffiniertem Zucker

Es ist eine Farbenpracht, wenn die Zucchiniblüten im Sommer goldgelb in den Gärten der Kalabresen leuchten. Gefüllt oder pur in Teig getaucht und frittiert sind sie ein Genuss.

Fiori di zucca ripieni
Gefüllte frittierte Zucchiniblüten

Fiori di zucca in pastella
Zucchiniblüten im Teigmantel

Fiori di zucca ripieni

Zubereitungszeit ca. 45 Minuten

Für 6–8 Personen
20 große, intakte Zucchiniblüten
250 g Weizenmehl tipo 00 (alternativ Weizenmehl Type 405)
Salz
ca. 250 ml eiskaltes kohlensäurehaltiges Mineralwasser
1 EL Olivenöl extra vergine
ca. 80 g 'Nduja (pikante kalabrische Streichwurst)
200 g Provolone in Scheiben (alternativ ein anderer würzig-milder Schnittkäse mit guten Schmelzeigenschaften)
ca. 1 l Sonnenblumenöl

Von den **Zucchiniblüten** die Stiele etwas kürzen und die Blütenstempel entfernen. Blüten vorsichtig abbrausen (sie müssen intakt bleiben). Abtropfen lassen. • **Mehl** in eine Schüssel geben, **salzen** und das eiskalte **Mineralwasser** unter Rühren klümpchenfrei einarbeiten, zum Schluss **Olivenöl** unterrühren (der Teig sollte einem Pfannkuchenteig ähneln). • **'Nduja** in 20 Stücke teilen. **Provolone** so zurechtschneiden, dass er in die Blüten passt. • Zucchiniblüten gut trocken tupfen und mit 'Nduja und Provolone füllen. • **Sonnenblumenöl** in einer Pfanne mit hohem Rand auf 170 °C erhitzen. Jeweils nur eine gefüllte Blüte zuerst in den Teig tauchen, etwas abtropfen lassen und goldbraun frittieren. Auf Küchenpapier abtropfen lassen und leicht mit **Salz** bestreuen. Heiß servieren.

TIPP 'Nduja lässt sich eigentlich nicht ersetzen, aber falls du keine bekommst, verwende feine Paprikasalamistreifen.

Fiori di zucca in pastella

Zubereitungszeit 25 Minuten plus ca. 60 Minuten Ruhezeit und 20 Minuten Garzeit

Für ca. 6 Personen
300 g Weizenmehl tipo 00 (alternativ Weizenmehl Type 405)
1 Pck. Trockenhefe (ca. 7 g)
5 g Salz
12–15 Zucchiniblüten
ca. 1 l Sonnenblumenöl
Salzflocken

Mehl mit **Hefe** und **Salz** in einer Schüssel vermischen. Nach und nach bis zu etwa 300 ml Wasser mit einer Gabel einrühren (der Teig sollte einem Pfannkuchenteig ähneln). Mit Frischhaltefolie abdecken und etwa 60 Minuten gehen lassen, bis sich das Teigvolumen verdoppelt hat. • Inzwischen von den **Zucchiniblüten** Stiele und Blütenstempel entfernen, Blüten vorsichtig abbrausen und abtropfen lassen. • **Sonnenblumenöl** in einer Pfanne mit hohem Rand auf etwa 170 °C erhitzen. Dann immer nur eine Blüte in den Teig tauchen, etwas abtropfen lassen und im heißen Öl ausbacken. Auf Küchenpapier abtropfen lassen und mit **Salzflocken** bestreuen. Restliche Blüten auf die gleiche Weise ausbacken, darauf achten, dass die Öltemperatur immer konstant bleibt.

beide: laktosefrei, frei von raffiniertem Zucker, unten auch: vegan

Michele Giudicissi beim Gemüseputzen vor seinem Haus in Pallagorio.

Zeppole salate con le alici

Frittierte Teigbällchen mit Sardellen

Zeppole werden in ganz Süditalien serviert. Diese Version ist in Neapel sehr beliebt – dort verwendet man statt Sardellen auch gern Algen im Teig.

Zubereitungszeit 20 Minuten
plus 60 Minuten Ruhezeit
und 20 Minuten Frittierzeit

Ergibt ca. 20 Stück
20 g frische Hefe
400 g Weizenmehl tipo 00
(alternativ Weizenmehl Type 405)
Salz
2 EL Olivenöl extra vergine
70 g Anchovisfilets (Sardellenfilets)
in Öl aus dem Glas
Sonnenblumenöl

Hefe mit 2–3 EL handwarmem Wasser in eine Schüssel geben und auflösen. **Mehl,** etwas **Salz, Olivenöl** und 300 ml Wasser zufügen und alles gut zu einem sehr weichen Teig verrühren. **Sardellenfilets** fein hacken und einarbeiten, die Schüssel abdecken und den Teig bei Raumtemperatur 60 Minuten gehen lassen. • Ausreichend **Sonnenblumenöl** in einem Topf auf 170 °C erhitzen. Mit einem Esslöffel Teigportionen abstechen, diese mit einem zweiten Esslöffel abstreifen, in das heiße Öl gleiten lassen und goldgelb ausbacken – nur maximal drei Zeppole gleichzeitig frittieren. Auf Küchenpapier abtropfen lassen. Auf die gleiche Weise den restlichen Teig abstechen, frittieren und die Zeppole abtropfen lassen. Warm oder kalt genießen.

TIPP Wer möchte, bestreut die Zeppole noch mit abgeriebener Biozitronenschale oder mit gehackter frischer Minze.

laktosefrei, frei von raffiniertem Zucker

Cipolle ripiene alla calabrese

Gefüllte Zwiebeln

In Kalabrien verwendet man üblicherweise rote Zwiebeln. Man kann aber durchaus gewöhnliche Zwiebeln nehmen, die etwas größer sind, damit man sie füllen kann. Schön ist es, wenn man rote und weiße Zwiebeln mischt.

Zubereitungszeit 25 Minuten plus 30 Minuten Ruhezeit und ca. 30 Minuten Backzeit

Für 4–6 Personen

8 große rote oder gewöhnliche Zwiebeln (à ca. 120 g)
Salz
6 kleine Salsicce (grobe Bratwürste mit Fenchel, à ca. 60 g; alternativ gewöhnliche Bratwürste)
1 kleines Bund Petersilie
80 g Pecorino
2 EL Olivenöl extra vergine
2 Eier (Größe M)
4–5 EL Paniermehl
schwarzer Pfeffer aus der Mühle

Zwiebeln schälen. Wasser in einem Topf zum Kochen bringen, **salzen,** ganze Zwiebeln hineingeben und 10 Minuten kochen. • Inzwischen **Salsicce** aus der Pelle lösen und in eine Schüssel geben. **Petersilie** abbrausen, trocken schütteln, hacken und hinzufügen. **Pecorino** reiben, 50 g mit in die Schüssel geben, den Rest beiseitestellen. • Den Backofen auf 180 °C Ober-/Unterhitze vorheizen. • Zwiebeln aus dem Kochwasser heben und mit Küchenpapier trocken tupfen. Am Blattansatz der Zwiebeln jeweils einen „Deckel" abschneiden und das Innere mit einem Esslöffel aushöhlen. Innere Teile und „Deckel" fein hacken, mit **Olivenöl** in eine Pfanne geben und anschwitzen, ohne dass sie bräunen. • Angeschwitzte Zwiebeln, **Eier** und 3–4 EL **Paniermehl** zur Salsicce-Mischung in die Schüssel geben, leicht mit **Salz** und **Pfeffer** würzen und gut vermengen. Die Zwiebeln mit der Mischung füllen, in eine Auflaufform setzen und mit beiseitegestelltem Pecorino und restlichem **Paniermehl** bestreuen. • In den vorgeheizten Backofen geben und etwa 30 Minuten backen, bis sich eine knusprige Kruste gebildet hat. Für eine Garprobe einen Holzspieß in die Außenwand einer Zwiebel stechen, sie sollte weich sein.

laktosefrei, frei von raffiniertem Zucker

Melanzane sott'olio

Eingelegte Auberginen

Eingelegte Auberginen sind in Süditalien sehr beliebt und jede Familie hat ihr eigenes Rezept. In Kalabrien werden die Auberginen üblicherweise mit Knoblauch und roten Peperoncini (Chilis) eingelegt. Auch Staudensellerie, rote Zwiebeln und glatte Petersilie kommen oft zum Einsatz. Diese Auberginen sind wunderbar als Antipasti, sie machen sich aber auch sehr gut auf geröstetem Brot oder als Gemüsebeilage zu Fleischgerichten und in Pasta.

Zubereitungszeit 30 Minuten plus 12–16 Tage Ruhezeit

Ergibt 4–5 Gläser (à 400 g)

4 kg Auberginen
200 g Salz
50 ml hochwertiger Weißweinessig
1 EL getrockneter Oregano
6 Knoblauchzehen
4 rote Peperoncini (Chilis)
hochwertiges Olivenöl extra vergine zum Auffüllen

Einmachgläser sterilisieren

Zum Sterilisieren von Einmachgläsern diese und die Deckel in einem mit Wasser gefüllten Topf einige Minuten kochen. Dann auf einem Küchentuch abtropfen lassen.

Auberginen schälen, zuerst in 1–2 cm dicke Scheiben, dann in etwa 2 cm dicke Streifen schneiden. Auberginenstreifen portionsweise in eine sehr große Schüssel schichten und jeweils mit etwa 1 EL **Salz** bestreuen. Mit Salz abschließen. • Einen Teller auf die Auberginenstreifen legen, zum Beschweren einen mit Wasser gefüllten Topf daraufstellen und 24 Stunden ruhen lassen. • Am nächsten Tag den Topf herunternehmen und die ausgetretene Flüssigkeit von den Auberginen abgießen. Mit **Essig** begießen, **Oregano** zugeben und gut vermischen. Erneut mit einem Teller abdecken, mit dem wassergefüllten Topf beschweren und wieder 24 Stunden ruhen lassen. • Am nächsten Tag die Flüssigkeit wieder abgießen, dann drei bis vier Handvoll Auberginenstreifen auf ein Küchentuch legen, einrollen und auswringen, sodass auch der allerletzte Tropfen Wasser herausgedrückt wird. • **Knoblauchzehen** schälen und grob in Scheiben schneiden. **Peperoncini** waschen, entkernen und in Streifen schneiden. Alles mit den Auberginen in eine große Schüssel geben und vermischen. • 3–4 EL **Olivenöl** in drei bis vier sterilisierte Gläser (siehe links) geben, mit Auberginenmischung füllen, dabei zum Rand hin etwa 2 cm Platz lassen, und gut andrücken, damit möglichst wenig Luft verbleibt. • Die Gläser bis kurz unter den Rand mit **Öl** auffüllen und etwa 60 Minuten ohne zu verschließen stehen lassen. Danach den Griff einer Gabel zwischen die Auberginenstreifen stechen, nach rechts und links drücken, sodass sie rundum mit Öl umschlossen sind und das letzte bisschen Luft entweicht. Verschließen und an einem kühlen und dunklen Ort aufbewahren. • Nach 12–16 Tagen sind die Auberginen verzehrfertig und gut verschlossen bis zu 1 Jahr haltbar.

vegan, laktosefrei, glutenfrei, frei von raffiniertem Zucker

TIPP Wer gern Brot backt und selbst angesetzten Sauerteig hat, kann ihn natürlich auch hier verwenden. Für dieses Brot brauchst du 250 g frischen Sauerteig, der am besten aus einer Mischung von Semola di grano duro und Weizenmehl tipo 00 angesetzt wurde.

Pane di Cutro

Traditionelles Brot aus Cutro

In Kalabrien wird Brot zu jeder Mahlzeit gereicht. So gut wie jede Stadt, teilweise sogar jedes Dorf, hat ein besonderes Brot, das im *forno* (Ofen) der Backstelle des Ortes für alle Bewohner gebacken wurde und heute noch gebacken wird. Pane di Cutro, das nach dem gleichnamigen Dorf benannt ist, besteht zu etwa 75 Prozent aus Hartweizenmehl und 25 Prozent aus Weizenmehl. Es wird mit Sauerteig angesetzt und traditionell im Holzofen gebacken, der vorzugsweise mit Buchenholz befeuert wird.

Zubereitungszeit
20 Minuten plus
4–5 Stunden Ruhezeit
und 60 Minuten Backzeit

Ergibt 1 großes Brot (ca. 1,5 kg)

- 70 g getrockneter Sauerteig (Weizen; Fertigprodukt)
- 750 g Semola di grano duro (Hartweizenmehl; alternativ fein gemahlener Hartweizengrieß)
- 250 g Weizenmehl tipo 00 (alternativ Weizenmehl Type 405) plus etwas zum Bestäuben
- 20 g Salz

AUSSERDEM
- Gärkörbchen
- gusseiserner Topf (alternativ Backblech)

Trockenen **Sauerteig** in etwas Wasser (20 °C) auflösen und einige Minuten ruhen lassen. • Beide **Mehle** in einer Schüssel mischen. Aufgelösten Sauerteig in die Rührschüssel der Küchenmaschine geben, den Knethaken einsetzen, auf langsame Geschwindigkeit stellen und 600 ml Wasser (20 °C) zugießen. Dann die Geschwindigkeit auf mittlere Stufe erhöhen, das Mehl portionsweise hinzufügen und 5–10 Minuten kneten, bis ein elastischer Teig entsteht und sich von der Schüsselwand löst. • **Salz** dazugeben, kurz einarbeiten lassen und die Maschine ausschalten. Den Teig auf eine leicht **bemehlte** Arbeitsfläche geben, mit den Händen gut durcharbeiten, dann leicht zu einem Rechteck auseinanderdrücken und wie ein Handtuch falten, indem man die vier Seiten zur Mitte einschlägt (so bekommt der Teig Spannung). Zu einem Laib formen. • Das Gärkörbchen mit einem **bemehlten** Küchentuch auslegen und den Teigling hineingeben. Mit einem feuchten Küchentuch abdecken und bei Raumtemperatur 4–5 Stunden gehen lassen, bis sich das Teigvolumen verdoppelt hat – im Winter kann das länger dauern, im Sommer schneller gehen. • Den Backofen auf 220 °C Ober-/Unterhitze vorheizen. Einen gusseisernen Topf mit hineingeben, alternativ ein Backblech mit erhitzen. • Den Teigling auf einen Bogen Backpapier stürzen, mit dem Papier in den heißen Topf im Ofen geben (alternativ auf das heiße Backblech legen). Mit einem sehr scharfen Messer oder Cutter parallel zwei schräge Schnitte setzen. Im vorgeheizten Ofen 60 Minuten backen, dabei nach 10 Minuten die Temperatur auf 180 °C reduzieren. Nach 40 Minuten Backzeit den Deckel vom Topf nehmen, damit das Brot schön braun wird. • Aus dem Ofen nehmen und das Brot vor dem Anschneiden vollständig auskühlen lassen.

vegan, laktosefrei, frei von raffiniertem Zucker

Olive schiacciate alla calabrese

Entsteinte Oliven aus Kalabrien

Diese Oliven gehören in Kalabrien auf jede Antipasti-Platte. *Schiacciate* bedeutet wörtlich „zerdrückt". So bezeichnet man Oliven, die durch Aufklopfen entsteint wurden.

Zubereitungszeit
20 Minuten plus
8–11 Tage Ruhezeit

Ergibt 6 Portionen
ca. 400 g unverarbeitete frische Oliven (am besten aus Süditalien)
Salz
1–2 Knoblauchzehen
1 roter Peperoncino (Chili)
1 TL Fenchelsamen
100 ml hochwertiges Olivenöl extra vergine

Oliven waschen, mit einem Fleischklopfer vorsichtig aufklopfen und entsteinen. Die Früchte in eine Schüssel legen, mit kaltem Wasser bedecken, abdecken und 8 Tage einweichen, dabei das Wasser täglich wechseln. Nach 8 Tagen eine Olive probieren – wenn diese noch immer bitter ist, weitere 3 Tage einweichen und das Wasser täglich wechseln. • Nach dem Wässern die Oliven in ein Sieb abgießen, in eine Schüssel geben, mit einem großen Teller bedecken, zum Beschweren einen mit Wasser gefüllten Topf daraufstellen und 24 Stunden ruhen lassen. • Die ausgetretene Flüssigkeit abgießen, Oliven portionsweise auf ein Küchentuch geben, einrollen und auswringen – sie müssen so trocken wie möglich sein. Ausgedrückte Oliven wieder in eine Schüssel geben, mit 2 TL **Salz** bestreuen und gut mischen. Erneut den Teller darauflegen, wieder mit dem Wassertopf beschweren und noch mal 24 Stunden ruhen lassen. • Am nächsten Tag abgießen, die Oliven portionsweise erneut mit einem Küchentuch auswringen und wieder in eine Schüssel geben. • **Knoblauchzehe(n)** schälen und in Scheiben schneiden. **Peperoncino** waschen, entkernen und ebenfalls in Scheiben schneiden. Alles mit den **Fenchelsamen** zu den Oliven geben und vermengen. • Oliven in sterilisierte Gläser (siehe Seite 48) füllen und gut hineindrücken, damit sich dazwischen keine Luftblasen bilden. Mit **Olivenöl** bedecken, dann den Griff einer Gabel mehrmals zwischen die Oliven stechen und nach rechts und links drücken, damit sich das Öl gut verteilen kann. 60 Minuten stehen lassen, ohne zu verschließen. • Dann kontrollieren, ob sich das Öl gut verteilt hat, und die Gläser sorgfältig verschließen. Die Oliven sind verzehrfertig, schmecken im Laufe der Zeit aber noch aromatischer. Gut verschlossen sind sie mindestens 1 Jahr haltbar.

vegan, laktosefrei, glutenfrei, frei von raffiniertem Zucker

Einer der Esel des Agriturismo „Barone G.R. Macri“ in Gerace.

Pomodorini secchi sott'olio

Eingelegte getrocknete Tomaten

Pomodorini secchi

Getrocknete Tomaten

Pomodorini secchi sott'olio

Eingelegte getrocknete Tomaten

Meine selbst getrockneten Tomaten (siehe rechts) sind weich, sodass ich sie zum Einlegen nicht vorkochen muss. Stattdessen überbrühe ich sie nur mit Essigwasser. Dieser als Ansäuerung bezeichnete Vorgang dient nicht nur dazu, den Geschmack zu verfeinern, sondern senkt auch den pH-Wert, was das Risiko von Bakterienbefall und -wachstum deutlich reduziert.

Zubereitungszeit 30 Minuten plus mind. 3 Monate Ruhezeit

Ergibt 3–4 Gläser (insg. ca. 15 Portionen à 40 g)

3–4 Knoblauchzehen
1 roter Peperoncino (Chili; nach Belieben)
450–500 g getrocknete Tomaten (siehe rechts; alternativ Fertigprodukt)
4–5 EL guter Weißweinessig
3–4 Stängel Basilikum
Olivenöl extra vergine
3–4 Prisen getrockneter Oregano
3–4 TL getrocknete und entsalzte Kapern (siehe Tipp)

Pressello bzw. Eintauchgitter

Ein sehr praktisches Utensil, wenn man gern einlegt. Das Eintauchgitter wird mit den „Beinen" nach oben auf das Einmachgut gelegt. Beim Aufschrauben der Deckel sorgt es dafür, dass das Einmachgut in das Öl (oder die Flüssigkeit) gedrückt und damit luftdicht verschlossen wird, was die Keimbildung verhindert.

Knoblauchzehen schälen. Falls verwendet, **Peperoncino** waschen, entkernen und grob in Stücke schneiden. Beides mit **getrockneten Tomaten** in eine Schüssel geben. **Essig** und 4–5 EL Wasser in einem kleinen Topf aufkochen, darübergießen und etwa 3 Minuten ziehen lassen. Abgießen, Tomaten und Knoblauch trocken tupfen, Peperoncino entsorgen. • Inzwischen **Basilikum** abbrausen, die Blätter abzupfen und trocken tupfen. • Etwas **Olivenöl** in sterilisierte Gläser (siehe Seite 48) füllen. Überbrühten Knoblauch in Scheiben schneiden. • Eine Schicht Tomaten in die Gläser geben, ein bis zwei Knoblauchscheiben und eine Prise **Oregano** darüberstreuen, dann erneut eine Schicht **Tomaten** einfüllen, gefolgt von einigen **Kapern** und zwei Basilikumblättern. Diesen Vorgang wiederholen, bis die Gläser gefüllt sind, dabei die Tomaten gut andrücken, damit die Luft vollständig aus dem Glas gedrückt wird. • Mit **Olivenöl** bedecken, dann den Griff einer Gabel mehrmals zwischen die Tomaten stechen und nach rechts und links drücken, damit sich das Öl gut verteilen kann. 60 Minuten stehen lassen, ohne zu verschließen. • Die Gläser sorgfältig verschließen (eventuell Presselli verwenden; siehe links) und bis zum Verzehr mindestens 3 Monate ruhen lassen. So werden die Tomaten weicher und schmecken noch besser. Sie sind mindestens 1 Jahr haltbar. Ein geöffnetes Glas im Kühlschrank aufbewahren und darauf achten, dass die Tomaten immer mit Öl bedeckt sind. So halten sie sich auch geöffnet gut 1 Monat.

TIPP Wenn du nur gesalzene Kapern hast, musst du diese vorher wässern: mindestens 20 Minuten in kaltes Wasser legen, abgießen und trocken tupfen.

vegan, laktosefrei, glutenfrei, frei von raffiniertem Zucker

Pomodorini secchi

Getrocknete Tomaten

Heute ist es gar nicht mehr so üblich, die Tomaten traditionell in der Sonne zu trocknen, man nutzt lieber den Backofen oder kauft sie schon getrocknet. Wenn du Tomaten aber selbst trocknen möchtest, solltest du am besten San-Marzano-Tomaten verwenden.

Zubereitungszeit 10 Minuten plus ca. 20 Stunden Backzeit

Ergibt 450–500 g

2 kg frische reife San-Marzano-Tomaten (alternativ andere längliche, reife Tomaten)
Salz

Den Backofen auf 70 °C Ober-/Unterhitze vorheizen. Ein Backblech mit Backpapier auslegen. • **Tomaten** gut waschen und trocken tupfen. Längs halbieren, mit den Schnittflächen nach oben auf das vorbereitete Backblech legen, leicht **salzen** und im vorgeheizten Ofen 20 Stunden trocknen. • Herausnehmen und abkühlen lassen.

San-Marzano-Tomaten

Diese alte Tomatensorte stammt aus Süditalien und ist nach San Marzano sul Sarno in Kampanien benannt. San-Marzano-Tomaten werden wegen ihrer länglichen Form auch als Flaschentomaten bezeichnet. Sie sind intensiv im Aroma und haben nur wenige Fruchtkerne.

vegan, laktosefrei, glutenfrei, frei von raffiniertem Zucker

Peperoni fritti
Frittierte grüne Spitzpaprika

Peperoni alla griglia
Gegrillte Paprika

Peperoni fritti

In Italien heißen Paprika *peperoni.* Mit Zucchini und Auberginen gehören sie zu den am häufigsten verwendeten Gemüsesorten in Süditalien. Diese Paprika eignen sich hervorragend als Antipasti, aber auch als Gemüsebeilage.

Zubereitungszeit 15 Minuten
plus 25 Minuten Garzeit

Für 4 Personen
12 mittelgroße grüne Spitzpaprika
Olivenöl extra vergine
Salz

Spitzpaprika waschen, längs halbieren, entkernen und gut trocken tupfen. • So viel **Olivenöl** in eine Pfanne geben, dass es etwa 1 cm hoch steht, und auf 170 °C erhitzen. Paprikahälften mit den Schnittflächen nach oben portionsweise hineingeben und frittieren. Sobald die Paprikahaut wellig und dunkel wird, wenden, **salzen** und fertig braten. • Auf Küchenpapier abtropfen lassen.

TIPP Reines Olivenöl extra vergine hat einen relativ hohen Rauchpunkt und kann gut auf 170 °C erhitzt werden.

Peperoni alla griglia

Über Holzkohleglut gegrillte Paprika sind sehr aromatisch, aber ich finde, sie schmecken auch sehr gut, wenn man sie im Ofen zubereitet. So werden sie besonders süßlich und erhalten ebenfalls schöne Röstaromen.

Zubereitungszeit 20 Minuten
plus ca. 35 Minuten Backzeit

Für 4 Personen
2 gelbe Paprika
2 rote Paprika
Salz
2–3 EL hochwertiges Olivenöl extra vergine
1 Bund glatte Petersilie
2 Knoblauchzehen
50 g entsteinte milde Oliven
schwarzer Pfeffer aus der Mühle

Den Backofen auf 180 °C Ober-/Unterhitze vorheizen. • Alle **Paprika** waschen, auf ein Backblech mit Backofenrost legen und im vorgeheizten Ofen etwa 35 Minuten backen. Sobald die Haut dunkel wird und sich Blasen bilden, Paprika mit einer Zange vorsichtig drehen. Wenn die Außenhaut der Paprika fast schwarz und das Fruchtfleisch weich ist, aus dem Ofen nehmen und lauwarm abkühlen lassen. • Die noch warmen Paprika enthäuten, entkernen, grob in Stücke schneiden und in eine Schüssel geben. Mit **Salz** bestreuen und mit **Olivenöl** beträufeln. • **Petersilie** abbrausen, trocken schütteln, fein hacken und hinzugeben. **Knoblauchzehen** schälen, in dünne Scheiben schneiden, mit **Oliven** dazugeben und mischen. Zum Schluss etwas **Pfeffer** grob darübermahlen.

Kleines Foto: zu Hause bei Domenicos Cousine Tina.

beide: vegan, laktosefrei, glutenfrei, frei von raffiniertem Zucker

Sardella

Zubereitungszeit 15 Minuten
plus 2 Tage Ruhezeit

Ergibt 4–5 Gläser
(insg. ca. 45 Portionen à 30 g)
1 kg TK-Sardellen, aufgetaut
50 g rosenscharfes Paprikapulver
50 g gemahlener getrockneter Peperoncino (Chilipulver)
20 g gemahlene Fenchelsamen
250 g Salz
8–10 EL Olivenöl extra vergine

Aufgetaute **Fische** ausnehmen, nach Belieben Köpfe entfernen, waschen und abtropfen lassen (Sardellengräten sind so zart, dass sie nicht entfernt werden). • **Paprika-, Chili-** und **Fenchelpulver** mischen. Etwa 1 EL davon mit 2 EL **Salz** in eine Schüssel geben. Eine Schicht Fische hineinlegen, diese mit Gewürzmischung und etwa 2 EL **Salz** bedecken, dann eine weitere Lage Fische hineinlegen. Weiterschichten und mit Gewürzen und restlichem **Salz** abschließen. Mit einem Teller abdecken, zum Beschweren einen mit Wasser gefüllten Topf daraufsetzen und 2 Tage mazerieren. • Den Schüsselinhalt gut durchmischen, die Paste in ein sterilisiertes Glas (siehe Seite 48) füllen und mit **Olivenöl** bedecken.

Cavolfiore in salsa di acciughe alla calabrese

Zubereitungszeit 20 Minuten

Für 4–6 Personen
2 EL Rosinen
Salz
1 Blumenkohl
1–2 EL Olivenöl extra vergine
4 Anchovisfilets in Öl aus dem Glas (Sardellenfilets)
1 Prise gemahlener getrockneter Peperoncino (scharfes Chilipulver)
1 Knoblauchzehe
1 EL Kapern aus dem Glas, abgetropft
70 g entsteinte dunkle Oliven
1 EL weißer Balsamico-Essig

Rosinen in eine Schale geben, mit warmem Wasser bedecken und einweichen. • Reichlich Wasser in einem großen Topf zum Kochen bringen und **salzen.** Inzwischen **Blumenkohl** putzen, in Röschen schneiden, waschen, ins kochende Wasser geben und 10–15 Minuten al dente kochen. • Währenddessen **Olivenöl, Sardellenfilets** und **Chilipulver** in eine Pfanne geben. **Knoblauchzehe** schälen, durch die Presse in die Pfanne drücken und die Sardellen bei niedriger Hitze unter Rühren langsam auflösen. **Kapern** und **Oliven** fein schneiden und ebenfalls in die Pfanne geben. Mit **Balsamico-Essig** ablöschen. Rosinen abgießen, dazugeben, gut mischen und vom Herd nehmen. • Blumenkohlröschen in ein Sieb abgießen und kurz abtropfen lassen. Auf eine Servierplatte geben und mit der warmen Sardellensauce beträufeln. Sofort servieren.

beide: laktosefrei, glutenfrei, frei von raffiniertem Zucker

Sardella nennt man in Kalabrien auch „Kaviar der Armen". In vielen Restaurants wird diese Fischpaste als Gruß aus der Küche mit frischem Brot zu Beginn eines Menüs gereicht. Blumenkohl in Sardellensauce ist ein Highlight auf dem Weihnachtsesstisch, auf dem es nie weniger als 13 verschiedene Gerichte geben sollte.

Sardella
Kalabrische Sardellenpaste

Cavolfiore in salsa di acciughe alla calabrese
Blumenkohl in Sardellensauce

Familie Greco vom „Panificio Greco"
in Pallagorio.

Carveluccia

Kalabrisches rundes Brot mit Loch

Ein Brot, das nicht typischer für eine Region sein könnte und in der Provinz Crotone fast täglich gebacken wird. In meinem Dorf heißt dieses Brot „Carveluccia", was so viel wie „kleines Brot" bedeutet. Es ist auch als Pitta oder Stipura bekannt oder als Pitta calabrese, wenn es mit verschiedenen Zutaten gefüllt wird, zum Beispiel mit Paprika und Kartoffeln (siehe Seite 66).

Zubereitungszeit ca. 30 Minuten plus 20–30 Minuten Quellzeit, mind. 5 Stunden Ruhezeit und 30–40 Minuten Backzeit

Ergibt 1 Brot (ca. 850 g)

5 g frische Hefe
1 Prise Zucker
350 g Weizenmehl tipo 0 (alternativ Weizenmehl Type 550) plus etwas zum Bestäuben
250 g Semola di grano duro rimacinata (doppelt gemahlenes Hartweizenmehl; alternativ sehr fein gemahlener Hartweizengrieß)
7 g Salz
Olivenöl extra vergine

AUSSERDEM
Dauerbackfolie

TIPP Das Kühlen sorgt für eine schöne Oberfläche mit guter Bräunung und appetitlichen Bläschen. Statt mit Dampf kannst du das Brot im heißen Schmortopf mit Deckel (beim Vorheizen mit in den Ofen stellen) backen, dabei nach 20 Minuten Backzeit den Deckel abnehmen und offen weiterbacken.

Hefe und **Zucker** in 320 ml Wasser (23–25 °C) auflösen. Beide **Mehlsorten** in eine Schüssel geben, eine Mulde hineindrücken, Hefewasser hineingießen, zu einem festen, zähen Teig verarbeiten und 20–30 Minuten quellen lassen. • Inzwischen **Salz** in 100 ml heißem Wasser auflösen und abkühlen lassen. Nach der Quellzeit zum Teig geben und von Hand etwa 10 Minuten zu einem geschmeidigen Teig kneten. In die Rührschüssel der Küchenmaschine geben, den Knethaken einsetzen und bei niedriger Geschwindigkeit noch 5–6 Minuten kneten. In eine mit **Olivenöl** eingefettete Schüssel geben und abgedeckt 30 Minuten bei Raumtemperatur ruhen lassen. • Den Teig aus der Schüssel nehmen, auf einer leicht **bemehlten** Arbeitsfläche zu einem dicken Rechteck auseinanderdrücken und wie ein Handtuch falten, indem man die vier Seiten zur Mitte einschlägt (so bekommt der Teig Spannung). In eine Schüssel geben, abdecken und 30 Minuten bei Raumtemperatur gehen lassen. Diesen Vorgang noch zweimal wiederholen und nach dem letzten Falten 90 Minuten gehen lassen. • Den Hefeteig auf einer nur ganz leicht **bemehlten** Arbeitsfläche sanft rundwirken, auf eine Dauerbackfolie legen, mit dünn **eingeölter** Frischhaltefolie abdecken und in der kältesten Zone des Kühlschranks 2 Stunden (weiter oben im Kühlschrank 2 ½ Stunden) gehen lassen. • Den Backofen auf 260 °C Ober-/Unterhitze vorheizen und eine mit Wasser gefüllte Auflaufform (oder Backblech) mit in den Ofen geben. (Wer einen Backofen mit Dampffunktion hat, kann diese einsetzen.) • Den Teig zu einem runden Laib formen, etwas flach drücken und in die Mitte ein Loch bohren, dabei den Teig etwas auseinanderziehen. Mit der Dauerbackfolie auf ein Backblech setzen, in den vorgeheizten Ofen geben, die Temperatur auf 230 °C reduzieren und 30–40 Minuten goldbraun backen. • Aus dem Ofen nehmen und das Brot erkalten lassen.

vegan, laktosefrei

Pitta con pipe e patate

Pitta mit Paprika und Kartoffeln

Pitta-Varianten gehören zu den wichtigsten Gerichten in Kalabrien. Sehr beliebt als Füllung ist *pipe e patate* – *pipe* steht für *peperoni*, also Paprika, und *patate* heißt natürlich Kartoffel. Kartoffeln mit Paprika werden in ganz Kalabrien bei so gut wie jedem Fest serviert. Im Sommer isst man dieses Gericht gern kalt.

Zubereitungszeit ca. 35 Minuten (ohne Brot)

Für 4 Personen

8 mittelgroße Kartoffeln
2 gelbe Paprika
2 rote Paprika
4–5 EL Olivenöl extra vergine
1 große rote Zwiebel
Salz
1 Carveluccia-Brot (siehe Seite 65; alternativ 1 rundes Krustenbrot)

Kartoffeln schälen und in 2–3 cm große Stücke schneiden. Alle **Paprika** waschen, entkernen und in Streifen schneiden. • **Olivenöl** in einer beschichteten Pfanne erhitzen, Kartoffeln und Paprika dazugeben und bei mittlerer Hitze etwa 20 Minuten unter gelegentlichem Rühren braten. • Inzwischen **Zwiebel** schälen und grob in 1–2 cm große Stücke schneiden. Wenn die Kartoffeln weich sind, Zwiebeln hinzugeben, **salzen** und noch etwa 5 Minuten mitbraten. • Das **Brot** horizontal aufschneiden und mit der Kartoffel-Paprika-Mischung füllen. In Stücke schneiden und genießen.

TIPP Du kannst Pipe e patate ohne Brot als Beilage servieren.

Kleines Foto: in Carfizzi bei der „Tenuta Renda" zur Weinprobe mit Mittagessen.

vegan, laktosefrei, frei von raffiniertem Zucker

Pitta cu u maru

Kalabrische Focaccia mit Holunder

Pitta cu i sardi

Kalabrische Focaccia mit Sardellenpaste

Pitta cu u maru

Kalabrische Focaccia mit Holunder

Als ich zum ersten Mal Pitta mit Holunderblüten aß, dauerte es ewig, bis ich verstand, woraus genau es zubereitet wurde. *Maru* (kalabrisch für Holunder) hatte ich vorher noch nie gehört und das italienische Wort *sambuco* (Holunder) erinnerte mich nur an den Anislikör Sambuca. Holunderblüten werden in Kalabrien in Gläsern eingelegt, die man dann gern für Backwaren verwendet.

Zubereitungszeit 50 Minuten plus 1 Tag Ruhezeit und ca. 4 Stunden Ruhezeit und 30 Minuten Backzeit

Für 4–6 Personen

FÜR DEN EINGELEGTEN HOLUNDER
- 100 g offene Holunder-Blütenrispen
- Sonnenblumenöl

FÜR DEN HEFETEIG
- 250 g Weizenvollkornmehl
- 50 g Weizenmehl tipo 00 oder 0 (alternativ Weizenmehl Type 405 oder 550) plus etwas zum Bestäuben
- 7 g frische Hefe
- 10 g Salz
- 2 EL Olivenöl extra vergine plus etwas zum Einfetten

AUSSERDEM
- 1 runde Backform (Ø ca. 28 cm) oder 1 Backblech (ca. 25 × 30 cm)

Am Vortag für den eingelegten Holunder die **Holunderrispen** vorsichtig schütteln, um eventuelle Insekten zu entfernen. Nicht waschen, sonst spült man mit den Pollen auch die Aromen weg. Die Blüten von den harten dicken Stielen abschneiden und in eine Schüssel fallen lassen. So viel **Sonnenblumenöl** darübergießen, dass die Blüten bedeckt sind. Abdecken und 1 Tag ruhen lassen. • Am nächsten Tag direkt vor der Teigzubereitung die Holunderblüten in ein Sieb abgießen und das Öl dabei auffangen. • Für den Teig beide **Mehlsorten** in eine Schüssel sieben, **Hefe** fein darüber zerbröseln und vermischen. 200 ml handwarmes Wasser nach und nach hinzugießen und mit einem Holzlöffel einarbeiten. Sobald sich ein Teig gebildet hat, **Salz** und **Olivenöl** hinzufügen. • Die Schüssel abdecken und den Teig 15 Minuten bei Raumtemperatur gehen lassen. • Den Teig aus der Schüssel nehmen, auf der leicht **bemehlten** Arbeitsfläche 3 Minuten kneten, wieder in die Schüssel geben und abgedeckt 15 Minuten gehen lassen. Diesen Vorgang zweimal wiederholen. • Zum Schluss die abgeseihten Holunderblüten dazugeben und vorsichtig einarbeiten. Dann einen Laib formen, wieder in die Schüssel geben, abdecken und 2 Stunden an einem warmen Ort gehen lassen, bis sich das Teigvolumen verdoppelt hat. • Die Backform mit **Öl** einfetten. Den Teig in die Form geben und andrücken. Mit 2–3 EL Holunderblütenöl bestreichen, abdecken und noch mal etwa 60 Minuten gehen lassen. • Den Backofen auf 200 °C Ober-/Unterhitze vorheizen. • Die Backform in den vorgeheizten Ofen geben und 30 Minuten backen, dabei nach 10 Minuten die Temperatur auf 180 °C regeln. • Herausnehmen, die Pitta mit einem Küchentuch abdecken und vor dem Anschneiden einige Minuten abkühlen lassen.

vegan, laktosefrei, frei von raffiniertem Zucker

Pitta cu i sardi

Kalabrische Focaccia mit Sardellenpaste

Für die Pitta wird auch gern die allseits beliebte Sardella (Sardellenpaste) verwendet. Falls du keine selbst gemachte Sardella hast, kannst du ein Fertigprodukt nehmen.

Zubereitungszeit 10 Minuten plus 30 Minuten Backzeit (ohne Teig und Sardella)

Für 4–6 Personen

1 Rezeptmenge Hefeteig (siehe links)
100 g Sardellenpaste (siehe Seite 62; alternativ Fertigprodukt) plus 1–2 EL für den Belag
2–3 EL Olivenöl extra vergine
gemahlener getrockneter Peperoncino (Chilipulver; nach Belieben)

AUSSERDEM

1 runde Backform (Ø ca. 28 cm) oder 1 Backblech (ca. 25 × 30 cm)

Den Teig, wie links bei der Holunder-Focaccia beschrieben, kneten und gehen lassen. Dann statt der Holunderblüten die **Sardellenpaste** einarbeiten, dabei am besten Latexhandschuhe tragen. Den Teig wieder in die Schüssel geben, abdecken und 2 Stunden an einem warmen Ort gehen lassen, bis sich das Teigvolumen verdoppelt hat. Dann wie links angegeben in die **eingefettete** Backform geben, eindrücken, zusätzliche 1–2 EL **Sardellenpaste** mit **Olivenöl** mischen, auf den Teig streichen, nach Belieben mit **Chilipulver** bestreuen und wie angegeben backen.

laktosefrei, frei von raffiniertem Zucker

Primi piatti

ERSTER GANG

In Süditalien serviert man als Primo meist Pasta. Wenn es um Pasta geht, bedient man sich auch hier immer an regionalen Produkten. Jede Region hat ihre besondere Pastasorte. Diese wiederum wird mit bestimmten Zutaten kombiniert: Pasta mit Löchern zu fleischigen Saucen, kleine Pastasorten als Löffelgericht für eintopfähnliche Speisen, Linguine und viele andere lange, dünne Sorten gern zu Meeresfrüchten und Spaghetti zum Ragù.

Spaghetti con ricotta e 'nduja

Spaghetti mit Ricotta-Wurst-Sauce

Kalabrien ist 'Nduja. Die Streichwurst aus Schweinefleisch und Peperoncino ist dort allgegenwärtig. Durch ihre besondere Würze eignet sie sich hervorragend als Basis für viele Pastasaucen. 'Nduja allein ist sehr scharf und so kombiniert man sie gern mit Ricotta, die den Geschmack abmildert und obendrein veredelt.

Zubereitungszeit 15 Minuten plus ca. 10 Minuten Garzeit

Für 4 Personen
1 Knoblauchzehe
3 EL Olivenöl extra vergine
200 g Passata (passierte Tomaten)
Salz
400 g Spaghetti
120 g 'Nduja (pikante kalabrische Streichwurst; siehe Tipp)
1 kleines Bund glatte Petersilie
250 g Ricotta (45 % Fett)

Knoblauchzehe schälen, als ganze Zehe mit **Olivenöl** in eine Pfanne geben und goldbraun anbraten. Herausnehmen und entsorgen. **Passata** in das aromatisierte Öl geben, **salzen** und etwa 10 Minuten köcheln lassen. • Inzwischen reichlich Wasser in einem Topf zum Kochen bringen, **salzen** und die **Spaghetti** darin nach Packungsangaben etwas fester als al dente garen. • **'Nduja** aus der Pelle lösen, klein schneiden, in die Pfanne geben und bei niedriger Hitze unter Rühren auflösen. • **Petersilie** abbrausen, trocken schütteln und fein hacken. • Spaghetti aus dem Nudelwasser heben und direkt in die Pfanne geben. **Ricotta** zugeben, den Herd ausschalten und alles gut mischen. Sofort in tiefe Teller geben, mit Petersilie bestreuen und servieren.

TIPP 'Nduja lässt sich hier nicht adäquat ersetzen, aber falls du sie nicht bekommst, nimm stattdessen in sehr feine Streifen geschnittene Paprikasalami. Die Sauce wird dann nicht so cremig und erhält eine andere Farbe, schmeckt aber ebenfalls sehr gut.

Maccheroncini al ferretto con la crema di peperoni

Pasta mit Paprikasauce

Maccheroncini al ferretto werden in den Familien traditionell per Hand hergestellt. Dabei werden kleine Pastateigstränge, ähnlich wie bei Fileja, um einen dünnen, runden Metallstab gewickelt, um den Nudeln die gewünschte Form zu geben, und dann abgezogen.

Zubereitungszeit 15 Minuten plus ca. 25 Minuten Garzeit

Für 4 Personen

2 große Schalotten
2 gelbe Paprika
4 EL Olivenöl extra vergine
300 g kleine Strauchtomaten an der Rispe
Salz
schwarzer Pfeffer aus der Mühle
400 g Maccheroncini al ferretto (alternativ Pasta nach Wahl)
1 Bund Basilikum

Schalotten schälen, halbieren und in Scheiben schneiden. Beide **Paprika** waschen, halbieren, entkernen und in kleine Würfel schneiden. • **Olivenöl** in einer Pfanne erhitzen und Schalotten darin bei niedriger Hitze langsam glasig anbraten. Paprika zugeben und etwa 15 Minuten unter gelegentlichem Rühren garen. • **Strauchtomaten** waschen und mit in die Pfanne geben, mit **Salz** und grob gemahlenem **Pfeffer** würzen und etwa 10 Minuten köcheln lassen. • Reichlich Wasser in einem Topf zum Kochen bringen, **salzen** und die **Maccheroncini** etwa 5 Minuten nach Packungsangaben etwas fester als al dente garen. • Inzwischen eine Kelle Nudelwasser in einen hohen Mixbecher geben. Inhalt der Pfanne hinzufügen und mit dem Stabmixer glatt pürieren. Sollte die Sauce zu dickflüssig sein, noch etwas Nudelwasser einarbeiten. • Die Paprikasauce wieder in die Pfanne geben. Die Pasta aus dem Nudelwasser heben und direkt mit in die Pfanne geben. • **Basilikum** abbrausen, trocken schütteln, Blätter abzupfen, in die Pfanne geben und gut vermengen. Mit **Salz** und **Pfeffer** abschmecken und heiß servieren.

TIPP Die Pasta sollte etwas fester als al dente sein, denn wenn sie mit der Sauce gemischt wird und etwas nachgart, hat sie beim Servieren den perfekten Gargrad.

vegan, laktosefrei, frei von raffiniertem Zucker

Signora Caterina Branca backt in Carfizzi kleine Carveluccia-Brote zu besonderen Anlässen, zum Beispiel dem Namenstag von Verstorbenen, die sie dann den Nachbarn und Verwandten schenkt.

Signora Marilena, die Köchin aus dem Agriturismo „La Mandragola" in Crotone, die traditionelle Maccheroncini mit dem *ferretto,* dem Metallstab, macht.

Tortiglioni al farro con crema di finocchi

Dinkel-Tortiglioni in Fenchelcreme

Wenn der Fenchel in Süditalien reif ist, wird er auf viele Arten zubereitet und serviert, zum Beispiel wie hier gegart und zu einer Sauce püriert, was nicht nur sehr gesund ist, sondern ohne Parmesan auch eine hervorragende vegane Saucenalternative ergibt. Der Geschmack des Fenchels wird in Verbindung mit der Dinkelpasta noch mal enorm verstärkt.

Zubereitungszeit ca. 30 Minuten

Für 4 Personen
150 g Walnusskerne
2 Fenchelknollen
Salz
100 g Pancetta (alternativ anderer luftgetrockneter Bauchspeck)
80 g Parmesan
400 g Tortiglioni oder Rigatoni aus Dinkel (alternativ aus Weizen)
1 EL Olivenöl extra vergine
schwarzer Pfeffer aus der Mühle

Die Hälfte der **Walnüsse** in einer kleinen Pfanne ohne Fett kurz anrösten. • Währenddessen reichlich Wasser in einem Topf zum Kochen bringen. **Fenchel** waschen, halbieren, die Stängel mit dem Grün und den harten Strunkansatz abschneiden, etwas Fenchelgrün zum Garnieren beiseitestellen. Fenchelhälften in das kochende Wasser geben, leicht **salzen** und weich kochen – das dauert je nach Größe der Knollen 10–20 Minuten. Für eine Garprobe mit der Gabel hineinstechen. • Inzwischen **Pancetta** in Streifen schneiden und in einer Pfanne ohne Fett vorsichtig anbraten. Auf Küchenpapier abtropfen lassen. Die Pfanne mit dem Speckfett beiseitestellen – sie wird noch mal verwendet. • Restliche **Walnüsse** hacken. **Parmesan** fein reiben. • Gegarten Fenchel aus dem Wasser heben. Fenchelwasser wieder zum Kochen bringen und die **Pasta** darin nach Packungsangaben etwas fester als al dente garen. • Fenchel grob in Stücke schneiden und in ein großes Mixgefäß geben. Gehackte Walnüsse, **Olivenöl,** etwas **Salz, Pfeffer** und 2 EL Kochwasser hinzugeben und mit dem Stabmixer zu einer cremigen Sauce pürieren. Dann den Parmesan untermischen. • Fenchelsauce in die Speckpfanne geben und erhitzen. Die Tortiglioni aus dem Nudelwasser heben, direkt in die Pfanne geben und gut mischen. In tiefe Teller füllen, Pancetta und geröstete Walnüsse darüberstreuen, nach Belieben mit etwas Fenchelgrün garnieren und sofort servieren.

laktosefrei, frei von raffiniertem Zucker

Pizza con le sarde

Pizza mit Sardinen

Pizza con le sarde

Pizza mit Sardinen

Sardellen und Sardinen werden in Süditalien gern *pesce povero* (Arme-Leute-Fische) genannt. Oder auch *pesce azzurro*, wobei damit überwiegend Sardellen und Makrelen gemeint sind, also Fische, die in großen Schwärmen auftauchen. Sardinen und Sardellen werden heute noch sehr oft in ganz Süditalien in sehr vielen Gerichten verarbeitet. Ganz gleich, ob in Antipasti oder als frittierte Variante oder wie hier auf der Pizza: Es gibt jede Menge Möglichkeiten. Auf diese Fischpizza kommt übrigens kein Käse.

Zubereitungszeit 35 Minuten plus 6 Stunden Ruhezeit und ca. 25 Minuten Backzeit

Für 2–3 Personen

FÜR DEN PIZZATEIG

300 g Weizenmehl tipo 00 (alternativ Weizenmehl Type 405) plus etwas zum Bestäuben
10 g frische Hefe
3 EL Olivenöl extra vergine plus etwas zum Einfetten
15 g Salz

FÜR DEN BELAG

200 g frische oder TK-Sardinen (alternativ Sardinenfilets in Öl aus der Dose)
1 Zwiebel
7 EL Olivenöl extra vergine plus etwas zum Einfetten
2 Knoblauchzehen
2 Stängel Basilikum
300 g Pelati (geschälte ganze San-Marzano-Tomaten aus der Dose)
Salz
100 g entsteinte schwarze Oliven

AUSSERDEM

1 rundes Pizza-Backblech (Ø ca. 30 cm)

laktosefrei, frei von raffiniertem Zucker

Für den Pizzateig **Mehl** in eine Schüssel geben und eine Mulde hineindrücken. **Hefe** in 200 ml Wasser auflösen, in die Mulde geben und erst mit einem Kochlöffel, dann mit den Händen einarbeiten, dabei nach und nach **Olivenöl** hinzugeben. Sobald der Teig die Flüssigkeit vollständig aufgenommen hat, das **Salz** hinzufügen und etwa 5 Minuten kneten. Zu einer Kugel formen und abgedeckt mindestens 2 Stunden ruhen lassen. • Den Teig aus der Schüssel nehmen, auf die leicht **bemehlte** Arbeitsfläche werfen, zu einem Rechteck drücken und wie ein Handtuch falten. Diesen Vorgang noch zweimal wiederholen (so bekommt der Teig Spannung und bildet ein Glutennetz). Zu einer Kugel formen, wieder abdecken und 2 Stunden ruhen lassen. Diesen Vorgang (schlagen, falten, ruhen) noch einmal wiederholen. • Für den Belag die **Sardinen** ausnehmen, dabei den Bauch entlangschneiden, die Sardinen in Hälften teilen, dann Gräten, Köpfe und Schwanzflossen entfernen, die Fische waschen und abtropfen lassen. (Falls Sardellen aus dem Glas verwendet werden, diese nur abtropfen lassen.) • Den Backofen auf 190 °C Umluft vorheizen. • **Zwiebel** schälen, in dünne Scheiben schneiden, mit 4 EL **Olivenöl** in eine Pfanne geben und bei niedriger Hitze anschwitzen. Die Sardinen mit der Hautseite nach oben vorsichtig hineinlegen, sodass sie leicht angeschwitzt werden – sie sollen auf jeden Fall ihre Form behalten. **Knoblauchzehen** schälen, hacken und dazugeben. (Sardellen aus dem Glas auf die Pizza legen, ohne zu garen.) • **Basilikum** abbrausen, trocken schütteln und Blätter abzupfen. **Dosentomaten** in eine Schüssel geben, mit der Hand zerdrücken, dann 1 TL **Salz,** 2 EL **Olivenöl** und die Hälfte der Basilikumblätter einrühren. • Das Pizza-Backblech mit etwas **Olivenöl** einfetten, den Teig in die Form legen und vorsichtig mit den Fingerspitzen in die Form drücken. Tomatensauce gleichmäßig darauf verteilen, Zwiebel-Knoblauch-Mischung und **Oliven** darübergeben und mit Sardinen (Hautseite oben) belegen. • Im vorgeheizten Ofen etwa 25 Minuten goldbraun backen. Vor dem Servieren mit restlichem **Olivenöl** beträufeln und mit den übrigen Basilikumblättern bestreuen.

Tiella di pasta e patate

Kartoffel-Nudel-Auflauf

Mit *tiella* ist in Kalabrien die *teglia*, die Backform, gemeint. Pasta e patate kennt man im Übrigen eher aus der Küche Neapels. Das bekannteste Tiella-Gericht, Tiella riso e patate mit Miesmuscheln, stammt darüber hinaus aus Apulien. So erkennt man die Zusammenhänge der Küche Süditaliens. Dieses Gericht stammt von einer Familie aus dem Sila-Gebirge – man erkennt ganz klar die Küche der dortigen Bauern, da vor allem die Kartoffeln aus dieser Region in ganz Italien geschätzt und geliebt werden.

Zubereitungszeit 20 Minuten plus ca. 25 Minuten Garzeit und ca. 20 Minuten Backzeit

Für 6 Personen

1 Knoblauchzehe
1 roter Peperoncino (Chili; nach Belieben)
3 EL Olivenöl extra vergine
1 rote Zwiebel
3 Stängel Basilikum
500 g Passata (passierte Tomaten)
1–2 Prisen getrockneter Oregano
Salz
schwarzer Pfeffer aus der Mühle
1 kg Kartoffeln
400 g glatte Penne
80 g Parmesan oder Grana Padano
80 g Pecorino
4–5 EL Paniermehl

Knoblauchzehe schälen. **Peperoncino,** falls verwendet, waschen, längs halbieren und entkernen. 2 EL **Olivenöl** in einer Pfanne erhitzen, ganze Knoblauchzehe und Peperoncino darin goldbraun dünsten, dann beides entfernen und entsorgen. • Inzwischen **Zwiebel** schälen, fein hacken, in das aromatisierte Öl in der Pfanne geben und glasig dünsten. • Währenddessen **Basilikum** abbrausen, trocken schütteln und die Blätter abzupfen. Einige Blätter mit der **Passata** in die Pfanne geben, mit **Oregano** würzen und etwa 25 Minuten köcheln lassen. Mit **Salz** und **Pfeffer** abschmecken. • Inzwischen **Kartoffeln** schälen, in Scheiben schneiden und in einen Topf geben. Knapp mit Wasser bedecken, aufkochen, **salzen** und etwa 10 Minuten gar köcheln lassen. • Reichlich Wasser in einem Topf zum Kochen bringen, **salzen** und 5 Minuten, bevor die Kartoffeln weich sind, die **Pasta** darin halb gar kochen. • Den Backofen auf 190 °C Umluft vorheizen. • **Parmesan** und **Pecorino** fein in eine Schüssel reiben und mischen. • Kartoffeln und Pasta in ein Sieb abgießen, abtropfen lassen und mit zur Tomatensauce in die Pfanne geben. Restliches Basilikum und die Hälfte der Parmesan-Pecorino-Mischung darüberstreuen, alles gut vermengen und in eine Auflaufform füllen. • **Paniermehl** zur restlichen Käsemischung geben, über den Auflauf streuen und restliches **Olivenöl** darüberträufeln. Im vorgeheizten Ofen etwa 20 Minuten goldbraun überbacken.

vegetarisch, laktosefrei, frei von raffiniertem Zucker

Pasta e fagioli in bianco

Pasta mit Bohnen

Pasta e fagioli ist in vielen Teilen Italiens ein beliebtes Gericht, vor allem in der kälteren Jahreszeit. Es ist eine Art Eintopf, für den es unzählige Varianten gibt und jede Familie ihre eigene Interpretation hat. Manche mögen das Gericht mit Tomaten, andere, wie in diesem Rezept, ohne, weshalb es *in bianco* heißt. In Verbindung mit der Stärke der Pasta sorgen die Bohnen für eine wunderbar cremige Konsistenz.

Zubereitungszeit 20 Minuten plus Einweichzeit über Nacht und 50 Minuten Garzeit

Für 4 Personen

200 g getrocknete Borlotti-Bohnen
Salz
1 Knoblauchzehe
2–3 Stangen Staudensellerie
400 g kurze Pasta (z. B. Cavatelli, Gnocchetti sardi, Rigatini)
1 rote Zwiebel
4 EL Olivenöl extra vergine
1 kleines Bund glatte Petersilie
schwarzer Pfeffer aus der Mühle

TIPP Du kannst die Bohnen länger als über Nacht einweichen. Es sollte jedoch nie mehr als 24 Stunden sein.

Bohnen in eine Schüssel geben, mit reichlich Wasser bedecken und über Nacht einweichen. • Am nächsten Tag abgießen, in einen Topf geben, mit frischem Wasser bedecken, ½ TL **Salz** hinzufügen und etwa 50 Minuten garen. • Inzwischen **Knoblauchzehe** schälen. **Staudensellerie** putzen, Blätter entfernen, waschen, in große Stücke schneiden und mit der ganzen Knoblauchzehe nach 25 Minuten Garzeit zu den Bohnen geben, um sie zu aromatisieren. • Gegen Ende der Garzeit reichlich Wasser in einem Topf zum Kochen bringen, **salzen** und **Pasta** darin nach Packungsangaben al dente kochen. • Inzwischen **Zwiebel** schälen, fein hacken, mit 3 EL **Olivenöl** in eine große Pfanne mit hohem Rand geben und 3–4 Minuten dünsten. • Inzwischen **Petersilie** abbrausen, trocken schütteln und hacken. • Selleriestangen und Knoblauch aus den fertig gekochten Bohnen nehmen und entsorgen. Die Bohnen in die Pfanne geben, mit den Zwiebeln verrühren und mit **Salz** und **Pfeffer** abschmecken. • 3–4 EL Bohnen aus der Pfanne in einen hohen Mixbecher geben, eine halbe Kelle Nudelwasser dazugeben und mit dem Stabmixer pürieren. • Die Bohnencreme zurück in die Pfanne geben. Die Pasta in ein Sieb abgießen, dabei etwas Nudelwasser auffangen, und zu den Bohnen geben. Eine halbe Kelle Nudelwasser hinzufügen und gut vermengen. • Die Hälfte der gehackten Petersilie in die Pastamischung rühren und in tiefe Teller füllen. Mit der übrigen Petersilie bestreuen und zum Verfeinern das restliche **Olivenöl** darüberträufeln.

vegan, laktosefrei, frei von raffiniertem Zucker

Die Piazza im mittelalterlichen Dorf Santa Severina.

Lagane e cicciari

Pasta mit Kichererbsen

Lagane e cicciari

Pasta mit Kichererbsen

Viele der Gerichte, die man in verschiedenen Regionen Süditaliens findet, haben ihren Ursprung in der orientalischen Küche. So ist es nicht verwunderlich, dass es auch in Apulien ein sehr ähnliches Pastagericht mit Kichererbsen gibt. Allerdings wird dort die Pasta teilweise frittiert. Speisen mit Hülsenfrüchten gibt es in Süditalien in vielen Varianten. Vor allem Bohnen, Kichererbsen und Linsen kommen sehr häufig zum Einsatz. In manchen Teilen Süditaliens verwendet man obendrein Safran, Kurkuma, Rosinen und sogar Couscous. All das entstand durch den Handel mit dem Orient.

Zubereitungszeit 75 Minuten plus Einweichzeit über Nacht

Für 4 Personen

FÜR DIE KICHERERBSEN

150 g getrocknete Kichererbsen (alternativ 300 g Kichererbsen aus der Dose)
3 EL Olivenöl extra vergine
2 Knoblauchzehen
1 Lorbeerblatt
Salz

FÜR DIE PASTA (LAGANE)

300 g Semola di grano duro (Hartweizenmehl; alternativ fein gemahlener Hartweizengrieß) plus etwas zum Bestäuben
Salz

FÜR DIE SAUCE

1 kleine Zwiebel
2 Knoblauchzehen
2 Zweige Rosmarin
3 EL Olivenöl extra vergine
1 Prise Chiliflocken
Salz
75 ml Weißwein

ZUM GARNIEREN

1 kleines Bund glatte Petersilie

Kichererbsen in eine Schüssel geben, mit reichlich Wasser bedecken und über Nacht einweichen. • Am nächsten Tag die Kichererbsen in ein Sieb abgießen. **Olivenöl** in einer Pfanne erhitzen. **Knoblauchzehen** schälen, als ganze Zehen mit Kichererbsen und **Lorbeerblatt** in die Pfanne geben, eine große Prise **Salz** darüberstreuen und anbraten. • Dann so viel Wasser angießen, dass die Kichererbsen vollständig bedeckt sind (etwa die doppelte Menge Wasser im Verhältnis zu den Kichererbsen), aufkochen und mindestens 30 Minuten köcheln lassen, bis sie gar sind. Schaum, der sich an der Oberfläche bildet, abschöpfen. (Bei Verwendung von Kichererbsen aus der Dose diese abgießen und in die Pfanne geben, sie müssen nicht mehr gekocht werden.) • Währenddessen für die Pasta **Hartweizenmehl** in eine Schüssel geben und unter Rühren mit einer Gabel bis zu 150 ml handwarmes Wasser einarbeiten, bis sich ein Teig bildet, dann mit der Hand weiterkneten (der Teig soll fest und kompakt sein). Sobald der Teig gut zusammenhält, die Arbeitsfläche mit **Mehl** bestäuben und den Teig mindestens 15 Minuten mit den Händen kneten, bis er elastisch wird. Falls der Teig zu weich und feucht ist, noch etwas **Hartweizenmehl** einarbeiten. In Frischhaltefolie wickeln und 30 Minuten im Kühlschrank ruhen lassen. • Inzwischen die Kichererbsen abgießen, dabei etwa 50 ml Kochwasser auffangen, Knoblauch und Lorbeerblatt entfernen und entsorgen. • Für die Sauce **Zwiebel** schälen und fein würfeln.

vegan, laktosefrei, frei von raffiniertem Zucker

Knoblauchzehen schälen und in feine Scheiben schneiden. **Rosmarin** abbrausen, trocken schütteln, Nadeln abstreifen und fein hacken. Alles mit **Olivenöl** in eine große Pfanne mit hohem Rand geben, mit **Chiliflocken** und einer Prise **Salz** bestreuen und anbraten. • Kichererbsen, 50 ml Kichererbsenkochwasser und **Weißwein** hinzufügen und köcheln lassen, bis die Flüssigkeit auf die Hälfte reduziert ist. • In der Zwischenzeit den Teig in vier gleich große Portionen teilen und mit dem Nudelholz auf der leicht **bemehlten** Arbeitsfläche jeweils 2 mm dünn ausrollen. (Falls eine Teigmaschine verfügbar ist, diese verwenden.) Dann in 2–3 cm breite und etwa 8 cm lange Streifen schneiden. Immer wieder etwas **Mehl** über den Teig streuen, damit die Streifen später nicht zusammenkleben. • Reichlich Wasser in einem Topf zum Kochen bringen, **salzen** und die frische Pasta darin 3–4 Minuten al dente kochen. • Inzwischen zum Garnieren **Petersilie** abbrausen, trocken schütteln und fein hacken. • Die Pasta abgießen, dabei etwas Nudelwasser auffangen, und die Lagane zu den Kichererbsen geben. Einen Schuss Nudelwasser hinzufügen (die Stärke aus dem Kochwasser hilft, die Sauce zu emulgieren), mit reichlich **Salz** und frisch gemahlenem **schwarzem Pfeffer** würzen und untermengen, bis die Pasta schön glänzend wird. Mit Petersilie bestreut sofort servieren.

TIPP Lagane sind eine Art breite Bandnudeln, allerdings deutlich kürzer. Selbst gemachte Pasta schmeckt unvergleichlich gut, aber wenn es schnell gehen muss, kann man natürlich gekaufte Pasta und Dosenkichererbsen verwenden.

Fileja cozze e fagioli

Pasta mit Miesmuscheln und Bohnen

Fileja gehören neben Maccheroncini und Strozzapreti zu den wichtigsten Pastasorten Süditaliens. Bei der Herstellung wird der Teig zu Strängen geformt, um ein Stäbchen gewickelt und dann abgezogen, sodass ein Hohlraum entsteht. Die Miesmuscheln in Verbindung mit Bohnen sind wiederum ein typisches „Mare e monti"-Gericht (Meer-und-Berg-Gericht), bei dem man Meeresfrüchte oder Fisch mit Zutaten vom Land kombiniert. Die Kombination aus Muscheln und Bohnen schmeckt dabei besonders gut.

Zubereitungszeit 40 Minuten plus 15 Minuten Garzeit

Für 4 Personen

400 g gekochte Borlotti-Bohnen oder Cannellini-Bohnen (siehe Tipp; alternativ Bohnen aus der Dose)
600 g frische Cozze (Miesmuscheln)
1 Knoblauchzehe
1 scharfer roter Peperoncino (Chili)
4 EL Olivenöl extra vergine plus etwas zum Beträufeln
6 Kirschtomaten
1 Bund glatte Petersilie
Salz
schwarzer Pfeffer aus der Mühle
400 g Fileja (alternativ Pasta nach Wahl)

TIPP Getrocknete Bohnen garen geht ganz einfach: Bohnen in reichlich Wasser über Nacht einweichen. Abgießen, in einen Topf geben, mit frischem Wasser bedecken, ½ TL Salz hinzufügen und etwa 50 Minuten garen. Fertig!

Bohnen in einem Sieb abtropfen lassen. • **Miesmuscheln** sehr gut mit einer Bürste reinigen und unter fließendem Wasser abwaschen. Beschädigte und geöffnete Exemplare aussortieren und entsorgen. • **Knoblauchzehe** schälen. **Peperoncino** waschen, längs halbieren und entkernen. 2 EL **Olivenöl** in einer großen Pfanne mit hohem Rand erhitzen, ganze Knoblauchzehe und Peperoncinohälften darin anbraten. • Auf mittlere Hitze stellen, Muscheln in die Pfanne geben und braten, bis sie sich öffnen. Jede geöffnete Muschel einzeln sofort aus der Pfanne nehmen. • Das Muschelfleisch aus den Schalen lösen und in eine Schüssel geben. • Muschelsud aus der Pfanne durch ein sehr feines Sieb passieren und zu den Muscheln in der Schüssel geben. Siebrückstände entsorgen. • **Kirschtomaten** waschen und in Stücke schneiden. Restliches **Olivenöl** in einer Pfanne erhitzen und Tomaten darin anbraten. • Inzwischen **Petersilie** abbrausen, trocken schütteln und hacken. Mit dem Muschelfleisch zu den Tomaten geben und bei niedriger Hitze kurz köcheln lassen. Bohnen dazugeben, vermengen, **pfeffern** und noch 15 Minuten köcheln lassen. • Inzwischen reichlich Wasser in einem Topf zum Kochen bringen, leicht **salzen** und die **Pasta** darin nach Packungsangaben etwas fester als al dente garen. • Muschel-Bohnen-Mischung mit **Salz** und **Pfeffer** abschmecken. Die Pasta aus dem Nudelwasser heben, direkt dazugeben und alles gut mischen. Etwas **Olivenöl** darüberträufeln und heiß servieren.

laktosefrei, frei von raffiniertem Zucker

Calamarata al Maria con datterini e alici

Marias Calamarata-Pasta mit Tomaten und Sardellen

Maria Iannone ist leidenschaftliche Köchin. Die Liebe zum Kochen hat sie von ihrer Mutter und ihrer *nonna* (Großmutter) quasi in die Wiege gelegt bekommen. Sie lebt in der kalabrischen Hafenstadt Crotone und schreibt all ihre Familienrezepte, die sie über Jahre hinweg verfeinert hat, in einem Blog nieder, der von vielen Kalabresen geschätzt wird. Das ist eines ihrer Rezepte, das sie mir bei meiner letzten Reise gab, weil es mir besonders gut gefallen hat. Calamarata-Pasta hat ihren Namen dem Umstand zu verdanken, dass sie wie Tintenfischringe aussieht.

Zubereitungszeit ca. 25 Minuten

Für 4 Personen

300 g frische oder TK-Sardellen, aufgetaut (alternativ Anchovisfilets (Sardellenfilets) in Öl aus dem Glas)
2 EL Olivenöl extra vergine
1 Knoblauchzehe
150 g gelbe Kirschtomaten (alternativ rote Kirschtomaten)
150 g rote Kirschtomaten
1 kleines Bund glatte Petersilie
Salz
400 g Calamarata-Pasta (alternativ Pasta nach Wahl)
50 g milde entsteinte dunkle Oliven
schwarzer Pfeffer aus der Mühle

Mit einem scharfen Messer den Kopf der **Sardellen** abtrennen, am Bauch entlang aufschneiden, ausnehmen, dann nach Belieben Gräten und Schwanzflossen entfernen, abbrausen und abtropfen lassen. (Dieser Schritt entfällt bei Sardellen aus dem Glas.) • **Olivenöl** in einer Pfanne erhitzen. **Knoblauchzehe** schälen und die ganze Zehe im Öl goldbraun anbraten. Aus der Pfanne nehmen und entsorgen. • Inzwischen alle **Tomaten** waschen. **Petersilie** abbrausen, trocken schütteln und fein hacken. Mit den Tomaten in die Pfanne geben und bei mittlerer Hitze anbraten. Dann **salzen** und 10 Minuten köcheln lassen. • Währenddessen reichlich Wasser in einem Topf zum Kochen bringen, leicht **salzen** und die **Pasta** nach Packungsangaben etwas fester als al dente garen. • Parallel dazu Sardellen grob in Stücke schneiden, in die Pfanne geben und noch etwa 5 Minuten köcheln lassen. **Oliven** hinzufügen und vermengen. • Die Pasta aus dem Nudelwasser heben, direkt in die Pfanne geben und alles gut mischen. In tiefe Teller geben, **Pfeffer** darübermahlen und heiß servieren.

Kleines Foto: Maria Teresa Iannone gehört zur jüngeren Generation kochbegeisterter Kalabresen, die für ihre Familie Gerichte aus der Küche ihrer Mutter und Großmutter kocht.

laktosefrei, frei von raffiniertem Zucker

Lucrezia Scalise

Cumbito-Rigatini con ceci e peperoncino

Rigatini mit Kichererbsen und Peperoncino

Dieses Rezept stammt aus dem 19. Jahrhundert. Cumbito ist Dialekt und bedeutet wörtlich „teilen". Am Fest des heiligen Giuseppe war es Tradition, dass finanziell besser gestellte Familien in einem großen Topf ein Gericht aus Kichererbsen und Pasta kochten und es mit den ärmeren Menschen teilten. Lucrezia Scalise bereitete für mich diese Rigatini im Haus meines guten Freundes, dem Olivenbauern Giuseppe Maida, zu. Welch Zufall, dass er den gleichen Vornamen hat wie die meisten Männer aus dem Dorf Scandale. Sein Schwager war ebenfalls dabei – was denkst du, wie der wohl heißt?

Zubereitungszeit 40 Minuten plus Einweichzeit über Nacht und ca. 25 Minuten Garzeit

Für 4 Personen

400 g getrocknete Kichererbsen
4 Stangen Staudensellerie
Salz
1 Knoblauchzehe
1 roter Peperoncino (Chili)
4 EL Olivenöl extra vergine
2 Schalotten
500 g Passata (passierte Tomaten)
schwarzer Pfeffer aus der Mühle
500 g Rigatini (alternativ andere kleine Pastasorte)
80 g Parmesan
gemahlener getrockneter Peperoncino (scharfes Chilipulver)

TIPP Dieses Pastagericht isst man üblicherweise sehr scharf. Am besten vorsichtig probieren, bevor man mehr Chilipulver darüberstreut.

Kichererbsen in eine Schüssel geben, mit reichlich Wasser bedecken und über Nacht einweichen. • Am nächsten Tag die Kichererbsen abgießen, in einen Topf geben und mit frischem Wasser bedecken. Eine **Selleriestange** waschen, Blätter entfernen, Sellerie grob in Stücke schneiden, zu den Kichererbsen geben, zum Kochen bringen, **salzen** und etwa 30 Minuten kochen. • Inzwischen **Knoblauchzehe** schälen. **Peperoncino** waschen, längs halbieren und entkernen. 2 EL **Olivenöl** in einer großen Pfanne mit hohem Rand erhitzen, ganze Knoblauchzehe und Peperoncino darin 2–3 Minuten anbraten. • Inzwischen **Schalotten** schälen und klein würfeln. Restlichen **Staudensellerie** waschen, Blätter entfernen und ebenfalls in kleine Würfel schneiden. • Knoblauch und Peperoncino aus der Pfanne nehmen und entsorgen. Schalotten und Staudensellerie im aromatisierten Öl andünsten. • Selleriestücke von den gegarten Kichererbsen entfernen und entsorgen, Kichererbsen abgießen und zum Gemüse in die Pfanne geben. **Passata** hinzufügen, **salzen** und **pfeffern** und etwa 25 Minuten köcheln lassen. • Etwa 10 Minuten vor Ende der Garzeit reichlich Wasser in einem Topf zum Kochen bringen, **salzen** und die **Pasta** nach Packungsangaben etwas fester als al dente garen. Die Rigatini aus dem Nudelwasser heben, direkt zu den Kichererbsen in der Pfanne geben und noch 2–3 Minuten garen. • **Parmesan** fein reiben. Das Pastagericht auf Teller verteilen, restliches **Olivenöl** darüberträufeln, mit Parmesan und nach Belieben mit **Chilipulver** bestreuen und sofort servieren.

Kleines Foto unten: Die beiden Giuseppe und der Bürgermeister von Scandale mit seinem Sohn, die mir die Geschichte des Cumbito erzählt haben.

vegetarisch, laktosefrei, frei von raffiniertem Zucker

Zu Besuch bei meinem Freund Pino Maida, dem leidenschaftlichen Landwirt, der in Scandale ein hervorragendes Bioolivenöl produziert.

Linguine al Aspromonte

Aspromonte-Linguine

Aspromonte ist ein Gebirgsmassiv in Südkalabrien. Dieses Gericht beinhaltet viele der Köstlichkeiten, die man in der Gebirgsregion auf dem Land und in den Wäldern findet.

Zubereitungszeit 20 Minuten plus 30 Minuten Ruhezeit und 45 Minuten Garzeit

Für 4 Personen
2 mittelgroße Auberginen
Salz
2 Knoblauchzehen
1 roter Peperoncino (Chili)
2 Zucchini
5–6 EL Olivenöl extra vergine
1 Zwiebel
4 Paprika (grün, gelb und rot)
1 Stange Staudensellerie
150 g Steinpilze (alternativ Champignons)
100 ml trockener Weißwein
300 g Pelati (geschälte ganze San-Marzano-Tomaten aus der Dose)
500 g Linguine oder Spaghetti
1 kleines Bund glatte Petersilie
einige Basilikumblätter
schwarzer Pfeffer aus der Mühle

Auberginen waschen, in 2–3 cm große Würfel schneiden, in ein Sieb geben, mit **Salz** bestreuen und 30 Minuten ziehen lassen. Dann abbrausen und mit Küchenpapier trocken tupfen. • **Knoblauchzehen** schälen. **Peperoncino** waschen, längs halbieren und entkernen. **Zucchini** waschen und in Scheiben schneiden. 3–4 EL **Olivenöl** in einer großen Pfanne erhitzen. Ganze Knoblauchzehen und Peperoncino goldbraun andünsten, aus der Pfanne nehmen und entsorgen. Auberginen im aromatisierten Öl unter Wenden 3–5 Minuten anbraten. Zucchini dazugeben und weitere 10 Minuten braten. • Inzwischen **Zwiebel** schälen, halbieren und in dünne Scheiben schneiden. Alle **Paprika** waschen, entkernen und in Streifen schneiden. **Staudensellerie** waschen, Blätter entfernen und klein schneiden. **Pilze** säubern und in Scheiben schneiden. • Auberginen-Zucchini-Mischung in eine Schüssel geben und beiseitestellen. Restliches **Olivenöl** in der gleichen Pfanne erhitzen. Zwiebelscheiben hineingeben, dann Paprika, Sellerie und Pilze hinzufügen und 3–4 Minuten anbraten. Mit **Weißwein** ablöschen. • Sobald der Wein verkocht ist, **Dosentomaten** und die Auberginen-Zucchini-Mischung hinzugeben und etwa 20 Minuten köcheln lassen. • Etwa nach der Hälfte der Garzeit reichlich Wasser in einem Topf zum Kochen bringen, **salzen** und die **Pasta** nach Packungsangaben etwas fester als al dente garen. • **Petersilie** abbrausen, trocken schütteln, hacken und beiseitestellen. • **Basilikumblätter** abbrausen, zerzupfen und zur Gemüsesauce geben. Eine halbe Kelle Nudelwasser einrühren und mit **Salz** und **Pfeffer** abschmecken. • Die Pasta aus dem Nudelwasser heben, direkt in die Pfanne zur Gemüsesauce geben und gut vermengen. In tiefe Teller füllen und sofort servieren.

vegan, laktosefrei, frei von raffiniertem Zucker

Pasta con ragù di pesce spada

Pasta mit Schwertfisch-Ragout

Pesce spada (Schwertfisch) gehört seit eh und je zur Küche Kalabriens. In vielen Städten hat der Schwertfischfang eine lange Tradition. In Scilla, einem kleinen Dorf am Thyrrenischen Meer, wird bis heute Panini al pesce spada serviert, eine besondere Delikatesse, die es überall gibt. Es gibt keinen Fischhändler, der etwas von sich hält, der keinen Schwertfisch in seiner Auslage hat. Calamarata-Pasta, die den Namen ihrer Tintenfischringform verdankt, passt besonders gut, aber du kannst natürlich auch andere Nudeln verwenden.

Zubereitungszeit ca. 30 Minuten

Für 4 Personen
400 g Kirschtomaten
5–6 EL Olivenöl extra vergine
2 Knoblauchzehen
Salz
schwarzer Pfeffer aus der Mühle
10 g Kapern aus dem Glas, abgetropft
400 g Calamarata-Pasta (alternativ Pasta nach Wahl)
300 g Schwertfisch in Scheiben, 30 Minuten vorher aus dem Kühlschrank genommen
4 EL trockener Weißwein
1 kleines Bund glatte Petersilie

Kirschtomaten waschen, trocken tupfen und halbieren. • 3–4 EL **Olivenöl** in einer Pfanne erhitzen. **Knoblauchzehen** schälen und eine Zehe bei mittlerer Hitze im Öl goldbraun anbraten. Dann herausnehmen und entsorgen. Tomaten in die Pfanne geben und anbraten. Mit **Salz** und **Pfeffer** würzen und die **Kapern** dazugeben. Die Temperatur reduzieren, den Deckel auflegen und 20 Minuten köcheln lassen. • In der Zwischenzeit reichlich Wasser in einem Topf zum Kochen bringen, **salzen** und die **Pasta** darin nach Packungsangaben etwas fester als al dente garen. • Die Haut vom **Schwertfisch** entfernen und das Fischfleisch in Würfel schneiden. Restliches **Olivenöl** in einer anderen Pfanne erhitzen, die zweite Knoblauchzehe darin goldbraun anbraten, herausnehmen und entsorgen. Die Fischwürfel im aromatisierten Öl rundum kurz anbraten, dann mit dem **Weißwein** ablöschen. • Die Pasta aus dem Nudelwasser heben und direkt in die Pfanne mit der Tomatenmischung geben. Je nach gewünschter Konsistenz etwas Nudelwasser zugießen, gut vermengen und mit **Salz** und **Pfeffer** abschmecken. • **Petersilie** abbrausen, trocken schütteln und fein hacken. • Die Fischwürfel zur Sauce-Pasta-Mischung geben, unterheben und auf tiefe Teller verteilen. Petersilie darüberstreuen und sofort servieren.

TIPP Keinen Parmesan oder sonst einen Käse darüberstreuen! Das zerstört nur den feinen Geschmack des Schwertfischs.

laktosefrei, frei von raffiniertem Zucker

Spaziergang auf dem Markt in Crotone und anschließend eine kurze Pause im Naturschutzgebiet im September bei noch immer 30 °C.

Der Turm von Le Castella – aufgenommen mit einer Drohne.

Secondi piatti

HAUPTGERICHTE

Der Hauptgang kommt in Süditalien im Vergleich zu Antipasti meist sehr karg auf den Tisch: einzelne Fleischstücke mit Gemüse serviert, Fischfilets vielleicht mit Kartoffeln, die extra gereicht werden. Fleisch auf Pasta oder Risotto gibt es in Süditalien nicht. Ganz wenige Ausnahmen existieren zwar, aber die bekommt man meist nur am Sonntag bei der Familie. Fisch möchte man in seiner vollen Pracht völlig allein nur mit ein paar Zitronenscheiben präsentieren. So ist der Hauptgang quasi ein Alleinunterhalter bei einem Menü in Süditalien.

Parmigiana di zucchine

Zucchini-Auflauf

Parmigiana ist in ganz Süditalien beliebt. Noch bekannter als Parmigiana di zucchine ist Parmigiana di melanzane, die mit Auberginen *(melanzane)* zubereitet wird (siehe Seite 115). Aufläufe dieser Art gibt es sehr viele, dabei gehören Aubergine, Zucchini und Paprika zu den beliebtesten Gemüsesorten in Süditalien.

Zubereitungszeit 30 Minuten plus ca. 15 Minuten Garzeit und 25–30 Minuten Backzeit

Für 4 Personen

2 Eier (Größe M)
800 g Zucchini
5–6 EL Olivenöl extra vergine
Salz
500 g Passata (passierte Tomaten)
2–3 Stängel Basilikum
300 g Caciocavallo oder Provolone (alternativ Mozzarella)
100 g Parmesan

Eier hart kochen, abgießen, abschrecken, schälen und beiseitestellen. • Während die Eier kochen, **Zucchini** waschen, gut trocken tupfen, quer halbieren und längs in dünne Scheiben schneiden. • 4 EL **Olivenöl** in einer Pfanne erhitzen und die Zucchinischeiben darin portionsweise von beiden Seiten goldbraun anbraten, dabei kurz vor Ende der Garzeit etwas **salzen.** Auf Küchenpapier abtropfen lassen. • In der gleichen Pfanne restliches **Olivenöl** erhitzen, **Passata** zugeben und zum Köcheln bringen. **Basilikum** abbrausen, trocken schütteln, Blätter abzupfen, einige zum Garnieren beiseitelegen, den Rest zur Passata geben, **salzen** und etwa 15 Minuten köcheln lassen. • Inzwischen den Backofen auf 180 °C Umluft vorheizen. • **Caciocavallo** in Scheiben schneiden. **Parmesan** fein reiben. Eier in Scheiben schneiden. • Etwas Tomatensauce in einer großen Auflaufform verteilen, mit einer Lage Zucchini bedecken, eine Schicht Caciocavallo darübergeben, dann mit Eierscheiben belegen und etwas Parmesan darüberstreuen. Auf die gleiche Weise weiterschichten, bis alle Zutaten verbraucht sind, dabei mit Tomatensauce und Parmesan abschließen. • In den vorgeheizten Ofen geben und 25–30 Minuten backen, bis der Auflauf eine schöne Kruste hat. • Herausnehmen und einige Minuten ruhen lassen. Erst dann anschneiden, mit beiseitegelegtem Basilikum garnieren und servieren.

TIPP Die Parmigiana nicht ganz heiß servieren, sondern etwas setzen lassen, damit sie beim Anschneiden ihre Form besser hält.

Caciocavallo und Provolone

Caciocavallo und Provolone (auch Provola genannt) sind mild-würzige italienische Käsesorten aus Kuhmilch (teilweise aus Schafsmilch), die typischerweise in Tropfen- oder Beutelform gereift angeboten werden.

vegetarisch, laktosefrei, glutenfrei, frei von raffiniertem Zucker

Parmigiana antica calabrese

Auberginenauflauf nach kalabrischer Art

Die kalabrische Parmigiana unterscheidet sich durch ihre Zutaten sehr stark von allen anderen Parmigiana-Versionen Süditaliens, denn die 'Nduja gibt ihr einen ganz eigenen, unverwechselbaren, unvergleichlichen Geschmack.

Zubereitungszeit 45 Minuten plus mind. 40 Minuten Backzeit

Für 4–6 Personen
1 kg Auberginen
Salz
2 Eier (Größe M)
1 rote Zwiebel
Olivenöl extra vergine
800 g Passata (passierte Tomaten)
1 kleines Bund Basilikum
100 g Mozzarella
200 g gekochter Schinken
80 g Parmesan
100 g 'Nduja (pikante kalabrische Streichwurst; alternativ in sehr feine Streifen geschnittene Paprikasalami)

TIPP Die Parmigiana vor dem Anschneiden etwas setzen lassen, damit sie ihre Form besser hält. Olivenöl extra vergine hat einen relativ hohen Rauchpunkt und kann gut auf 170 °C erhitzt werden.

Auberginen waschen, putzen, gut trocken tupfen und quer in etwa 5 mm dünne Scheiben schneiden. Nebeneinanderlegen, mit **Salz** bestreuen und mindestens 20 Minuten ziehen lassen. • Inzwischen die **Eier** hart kochen, abgießen, abschrecken, schälen und beiseitestellen. • Während die Eier kochen, **Zwiebel** schälen, fein hacken, mit 2–3 EL **Olivenöl** in eine Pfanne geben und goldbraun anbraten. **Passata** dazugeben und mit **Salz** würzen. **Basilikum** abbrausen, trocken schütteln und Blätter abzupfen. Hälfte der Basilikumblätter grob zerzupfen, in die Tomatensauce geben und etwa 25 Minuten köcheln lassen. • In der Zwischenzeit den Backofen auf 200 °C Ober-/Unterhitze vorheizen. • Reichlich **Olivenöl** in einer Pfanne auf 170 °C erhitzen. Das ausgetretene Wasser der Auberginen mit Küchenpapier abtupfen und die Auberginenscheiben portionsweise im heißen Öl goldbraun frittieren. Auf Küchenpapier abtropfen lassen. • Inzwischen **Mozzarella** in Scheiben schneiden. **Kochschinken** klein würfeln. Eier in Scheiben schneiden. **Parmesan** fein reiben. • In einer großen Auflaufform etwas Tomatensauce verteilen, darauf eine Schicht frittierte Auberginen geben, mit Mozzarella belegen und mit Schinkenwürfeln bestreuen. **'Nduja** in feine Stückchen teilen und darübergeben. Eierscheiben darauf verteilen und mit Parmesan bestreuen. Auf die gleiche Weise weiterschichten, bis alle Zutaten verbraucht sind, dabei mit Tomatensauce, restlichen Basilikumblättern und Parmesan abschließen. • In den vorgeheizten Ofen geben und mindestens 40 Minuten backen, bis die Oberfläche eine goldbraune Kruste gebildet hat. • Herausnehmen und einige Minuten ruhen lassen. Erst dann anschneiden und servieren.

glutenfrei, frei von raffiniertem Zucker

Pasta al forno con polpettine

Pasta-Auflauf mit Fleischbällchen

Pasta al forno con polpettine

Pasta-Auflauf mit Fleischbällchen

Pasta e polpette ist ein typisches Sonntagsessen in Süditalien. Kein schnelles Pastagericht, sondern eines, bei dem sich die Frauen der Familien früh am Morgen treffen und es zelebrieren, für die gesamte Familie zu kochen. Viele einzelne Zutaten und mehrere Arbeitsschritte machen solch ein Gericht zu *dem* Familiengericht, dessen Rezept von Generation zu Generation weitergereicht wird.

Zubereitungszeit 40 Minuten plus 60 Minuten Garzeit und 20 Minuten Backzeit

Für 4–6 Personen

FÜR DIE FLEISCHSAUCE
1 kleine rote Zwiebel
1 Karotte
1 Stange Staudensellerie
2–3 EL Olivenöl extra vergine
300 g Rinderhackfleisch
100 ml trockener Weißwein
750 g Passata (passierte Tomaten)
Salz

ZUM SCHICHTEN
4 Eier (Größe M)
80 g Parmesan
100 g Provolone
200 g Mozzarella

FÜR DIE FLEISCHBÄLLCHEN
1 Scheibe altbackenes Weißbrot
50 g Parmesan
1 Knoblauchzehe
1 kleines Bund glatte Petersilie
200 g Rinderhackfleisch
1 Ei (Größe M)
Salz
schwarzer Pfeffer aus der Mühle
3 EL Olivenöl extra vergine

FÜR DIE PASTA
400 g Penne
Salz

Für die Fleischsauce **Zwiebel** und **Karotte** schälen und fein würfeln. **Staudensellerie** waschen, Blätter entfernen und ebenfalls fein würfeln. Alles mit **Olivenöl** in einen Topf geben und 3–4 Minuten andünsten. • **Hackfleisch** dazugeben und kurz anbraten, dabei mit dem Kochlöffel zerdrücken. Mit **Weißwein** ablöschen, verkochen lassen und **Passata** einrühren. Falls die Sauce zu dick ist, etwas Wasser zugießen, dann **salzen,** abdecken und 60 Minuten köcheln lassen. • Inzwischen für das Schichten **Eier** hart kochen, abgießen, abschrecken und schälen. **Parmesan** und **Provolone** getrennt fein reiben. **Mozzarella** in Scheiben schneiden. Die abgekühlten Eier hacken. Alles beiseitestellen. • Den Backofen auf 180 °C Ober-/Unterhitze vorheizen. • In der Zwischenzeit für die Fleischbällchen **Brot** in etwas Wasser einweichen. **Parmesan** reiben. **Knoblauchzehe** schälen und hacken. **Petersilie** abbrausen, trocken schütteln und fein hacken. • Das Brot ausdrücken, in Stücke zerzupfen und in eine Schüssel geben. **Hackfleisch,** Parmesan, Knoblauch, Petersilie und **Ei** mit etwas **Salz** und **Pfeffer** hinzugeben und mischen. Aus der Masse Bällchen (Ø etwa 2 cm) formen. **Olivenöl** in einer Pfanne erhitzen und Bällchen darin rundum anbraten. Auf Küchenpapier abtropfen lassen. • Für die Pasta reichlich Wasser in einem Topf zum Kochen bringen, **salzen** und die **Penne** nach Packungsangaben etwas fester als al dente kochen. In ein Sieb abgießen. • Zum Schichten Fleischsauce, Fleischbällchen und Pasta in eine große Schüssel geben und vermengen. Etwa ein Drittel davon in eine große Auflaufform füllen und die Hälfte der gehackten Eier darüberstreuen. 2 EL geriebenen Parmesan beiseitestellen. Die Hälfte des restlichen Parmesans und die Hälfte des geriebenen Provolone über die Eierschicht streuen und mit der Hälfte der Mozzarella-Scheiben belegen. Den Vorgang wiederholen, dann das restliche Drittel Fleischsaucen-Pasta-Mischung in die Form geben und mit beiseitegestelltem Parmesan bestreuen. In den vorgeheizten Ofen geben und 20 Minuten backen. • Herausnehmen, kurz ruhen lassen und servieren.

Polpette di melanzane

Frittierte Auberginen-Frikadellen

In Kalabrien backt man diese Auberginen-Frikadellen in Olivenöl. Das ist zwar etwas teurer, aber dadurch bekommen sie einen besonderen Geschmack. Olivenöl extra vergine hat einen relativ hohen Rauchpunkt von etwa 180 °C. Mit der Temperatur sollte man trotzdem etwas vorsichtig sein, das Öl darf nicht überhitzt werden. Ich selbst empfehle 170 °C. Du kannst aber natürlich auch Sonnenblumenöl oder ein anderes Frittieröl verwenden.

Zubereitungszeit 45 Minuten plus 60 Minuten Einweichzeit und 10–15 Minuten Garzeit

Ergibt ca. 15 Frikadellen
200–250 g altbackenes Weißbrot
500 g Auberginen
Salz
100 g Pecorino oder Parmesan
2 Stängel Basilikum
1 Knoblauchzehe
2 Eier (Größe M)
1–2 EL Semmelbrösel (nach Bedarf)
Olivenöl extra vergine oder Sonnenblumenöl

Schnelle Tomatensauce

300 g geschälte ganze San-Marzano-Tomaten aus der Dose mit 2 Prisen Salz, 2 EL Olivenöl und 8 zerzupften Basilikumblättern in eine Schüssel geben und mit der Hand zerdrücken. 2 EL Olivenöl in einem Topf erhitzen, Tomatenmischung zugeben, etwa 15 Minuten köcheln lassen, mit Salz und Pfeffer abschmecken. Fertig!

Brot in eine Schüssel geben, mit Wasser bedecken und 60 Minuten einweichen. • Reichlich Wasser in einem Topf zum Kochen bringen. Inzwischen **Auberginen** waschen, putzen und längs halbieren. Das kochende Wasser **salzen** und die Auberginen 10–15 Minuten garen. (Alternativ Auberginen 15–20 Minuten dämpfen, so nehmen sie weniger Wasser auf.) Abgießen, abtropfen und abkühlen lassen. • Die Auberginenstücke auf Küchenpapier ausdrücken, dann so fein wie möglich hacken und in eine Schüssel geben. • **Pecorino** fein reiben. **Basilikum** abbrausen, trocken schütteln und fein hacken. **Knoblauchzehe** schälen und sehr fein hacken. Pecorino, Basilikum und Knoblauch mit den **Eiern** zu den Auberginen in die Schüssel geben. Brot abgießen, ausdrücken, hinzufügen und alles gut vermengen. • Falls die Masse zu weich oder zu wässrig ist, etwas **Semmelbrösel** einrühren. Die Auberginenmasse zu etwa 15 länglichen Frikadellen formen. • Reichlich **Olivenöl** in einer Pfanne auf 170 °C erhitzen und die Frikadellen darin portionsweise ausbacken. Auf Küchenpapier abtropfen lassen. Warm genießen.

TIPP Dazu passen Brot und Salat oder Gemüse nach Wahl und außerdem jede Art von Tomatensauce. Diese Polpette sind bei Familienfeiern und bei einem Buffet gern gesehen. Die Frikadellen immer portionsweise ausbacken, damit die Öltemperatur konstant bleibt.

vegetarisch, laktosefrei, frei von raffiniertem Zucker

Die Hühner und Schweine meiner Tante in Pallagorio.

Pasta 'ncasciata calabrese

Pasta-Auberginen-Auflauf mit Teigkruste

Soffritto di maiale catanzarese

Geschmortes Schweinefleisch nach Catanzaro-Art

Ein sehr einfaches, typisch kalabrisches Gericht, das man ursprünglich zum Schlachtfest, wenn das Schwein *(maiale)* im Dezember frisch geschlachtet wurde, für die Familie ohne viel Aufwand in der Pfanne zubereitet hat. Es gibt unzählige Versionen, von denen ich hier ein Rezept aus der Provinz Catanzaro vorstelle.

Zubereitungszeit 15 Minuten plus ca. 60 Minuten Garzeit

Für 4 Personen

1 Zwiebel
1 Karotte
1 Stange Staudensellerie
3–4 EL Olivenöl extra vergine
800 g Schweinefleisch (Brust-, Bauch-, Nackenfleisch mit Fett gemischt)
1–2 EL Tomatenmark
1 roter Peperoncino (Chili; nach Belieben)
1 kleines Bund glatte Petersilie
1–2 Zweige Oregano (alternativ ½ TL getrockneter Oregano)
100 ml Weißwein
1 Lorbeerblatt
400 g gehackte Tomaten aus der Dose
Salz
schwarzer Pfeffer aus der Mühle

Zwiebel und **Karotte** schälen und fein würfeln. **Staudensellerie** waschen, putzen und fein würfeln. • Gemüsewürfel mit **Olivenöl** in einen großen Topf geben und 2–3 Minuten zu einem Soffritto (siehe unten) anbraten. • Inzwischen das **Fleisch** sehr klein würfeln, mit **Tomatenmark** zum Gemüse geben und 3–4 Minuten unter gelegentlichem Rühren mitbraten. • Währenddessen **Peperoncino** waschen, entkernen und klein schneiden. **Oregano** abbrausen. **Petersilie** abbrausen, trocken schütteln und fein hacken. • Die Fleischmischung mit **Weißwein** ablöschen und kurz einkochen lassen. Peperoncino, Oregano, **Lorbeerblatt, Tomaten** und 200 ml Wasser mit etwas **Salz** und **Pfeffer** einrühren und etwa 60 Minuten köcheln lassen. • Zum Schluss noch mal abschmecken und testen, ob das Fleisch schön zart ist. Das Gericht in Schalen füllen, mit Petersilie bestreuen und servieren.

TIPP Dazu wird Brot gereicht, zum Beispiel frisch gebackenes Carveluccia-Brot (siehe Seite 65). Wie im Pitta-Rezept (siehe Seite 66) kann man das Carveluccia-Brot auch mit der Fleischmischung füllen und servieren.

Soffritto

In der italienischen Küche bildet Soffritto (wörtlich „angebraten") die würzige Basis für Pastasaucen und verschiedene andere Gerichte. Meist werden dafür Zwiebeln und Wurzelgemüse klein geschnitten und angebraten.

laktosefrei, glutenfrei, frei von raffiniertem Zucker

Metzger unseres Vertrauens: Santino Lavigna.

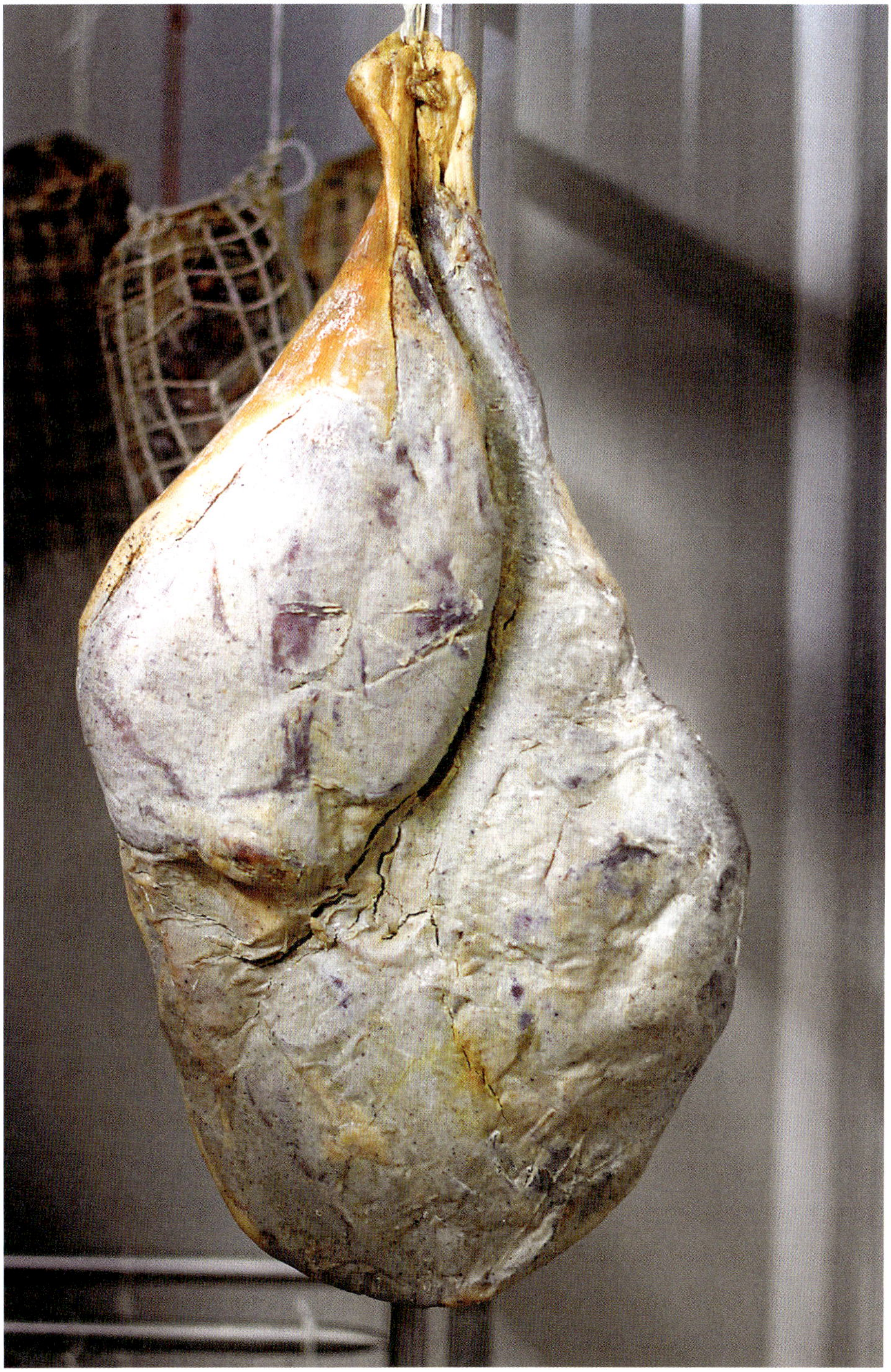

Baccalà con paprika e pomodorini
Klippfisch mit Paprika und Tomaten

Klippfisch *(baccalà)*, meist Kabeljau, wird in Kalabrien vor allem an Festtagen serviert. Die Methode, Fisch zu salzen und an der Luft zu trocknen, stammt aus einer Zeit, in der es keine Kühlschränke gab.

Baccalà in pastella
Klippfisch im Teigmantel

Pollo con i peperoni

Hähnchen mit Paprika

Ein Gericht, das sowohl im Süden als auch im Norden Italiens sehr beliebt ist, darunter auch Versionen nach Jägerart, also *alla cacciatora.*

Zubereitungszeit 15 Minuten plus ca. 60 Minuten Garzeit

Für 4 Personen

1 Knoblauchzehe
3 EL Olivenöl extra vergine
800 g Hähnchenteile
(nach Wahl Brust oder Schenkel)
1 EL Tomatenmark
80–100 ml trockener Weißwein
1 rote Paprika
1 gelbe Paprika
2–3 Zweige Thymian
100 g Passata (passierte Tomaten)
Salz
schwarzer Pfeffer aus der Mühle

Knoblauchzehe schälen. **Olivenöl** in einer Pfanne erhitzen und die ganze Zehe darin goldbraun anbraten. Herausnehmen und entsorgen. • Inzwischen **Hähnchenteile** abbrausen, trocken tupfen, grob in Stücke teilen, mit **Tomatenmark** in die Pfanne geben und unter gelegentlichem Wenden rundum anbraten. Mit **Wein** ablöschen und verkochen lassen. • Währenddessen beide **Paprika** waschen, entkernen und in Streifen schneiden. **Thymian** abbrausen und trocken schütteln. • **Passata** zu den Hähnchenstücken geben und gut vermischen. Mit **Salz** und **Pfeffer** würzen, Paprikastreifen und Thymian einrühren und abgedeckt etwa 60 Minuten köcheln lassen. Anschließend heiß servieren.

TIPP Dazu passen Rosmarinkartoffeln aus dem Ofen.

laktosefrei, glutenfrei, frei von raffiniertem Zucker

Alici ripiene

Frittierte gefüllte Sardellen

Eine einfache, aber wunderbare Fischspeise, die man sowohl als Hauptgang als auch zum Aperitivo bekommt. Die Sardelle als Fisch der armen Leute wird so besonders aufgewertet und ist – serviert mit Salat – vor allem an warmen Tagen ein leichter Hauptgang am Abend.

Zubereitungszeit 35 Minuten

Für 4 Personen

32 frische oder TK-Sardellen, aufgetaut, oder frische kleine oder TK-Sardinen, aufgetaut
1 Knoblauchzehe
50 g Parmesan nach Geschmack
1 Stängel Petersilie
100 g Paniermehl
2 Eier (Größe M)
Salz
100 g Weizenmehl tipo 00 (alternativ Weizenmehl Type 405)
schwarzer Pfeffer aus der Mühle
Pflanzenöl
1 Biozitrone

Mit einem scharfen Messer den Kopf der **Sardellen** abtrennen, am Bauch entlang aufschneiden, ausnehmen, Gräten und Schwanzflossen entfernen, abbrausen und abtropfen lassen. *Wichtig:* am Bauch nicht zu tief einschneiden, sodass der Fisch noch zusammenhält. Die Doppelfilets aufklappen und mit der Haut nach unten auf die Arbeitsfläche legen. • **Knoblauchzehe** schälen und hacken. **Parmesan** fein reiben. **Petersilie** abbrausen, trocken schütteln und fein hacken. Alles in eine Schüssel geben. **Paniermehl, Eier** und etwas **Salz** zufügen und gut vermengen. Die Füllung auf die aufgeklappten Sardellen geben, andrücken und mit einer zweiten aufgeklappten Sardelle bedecken. • **Mehl** auf einen Teller geben, mit **Salz** und **Pfeffer** würzen und die Fische darin wenden, sodass sie gut bemehlt sind. • Reichlich **Pflanzenöl** in einer Pfanne auf 170–180 °C erhitzen und die gefüllten, panierten Sardellen portionsweise darin frittieren. Auf Küchenpapier abtropfen lassen. • **Zitrone** waschen und in Spalten schneiden. Fische mit Zitronenspalten auf Teller geben und servieren.

Sardellen und Sardinen

Sardellen und Sardinen gehören zur Familie der Heringe, von denen es viele Arten gibt. Es ist nicht so einfach, sie frisch zu bekommen, wenn man nicht an der Mittelmeerküste wohnt, aber als schockgefrostete TK-Ware sind sie in gut sortierten Supermärkten erhältlich.

laktosefrei, frei von raffiniertem Zucker

Zu Fuß unterwegs in Strongoli, Carfizzi und Pizzo.
Unten links: Tante Maria, die immer am Fenster oder auf ihrer Veranda Menschen begrüßt.

Spaziergang in Gerace.

Triglie fritte con peperoni riggitani calabresi

Gebratene Rotbarbe in Paprikasauce

Rotbarbe *(triglie)* findet man in Kalabrien häufig auf den Speisekarten der Restaurants. Lass dir diesen besonders gut schmeckenden Fisch nicht entgehen!

Zubereitungszeit 35 Minuten

Für 4 Personen

2 Knoblauchzehen
1 Zwiebel
2 grüne Tomatenpaprika
(alternativ 1 grüne Paprika)
2 rote Tomatenpaprika
(alternativ 1 rote Paprika)
100 g Weizenmehl tipo 00
(alternativ Weizenmehl Type 405)
Salz
schwarzer Pfeffer aus der Mühle
800 g Rotbarbenfilets
Sonnenblumenöl
3 EL Olivenöl extra vergine
3 Tomaten
1 roter Peperoncino
(Chili; nach Belieben)
1 kleines Bund glatte Petersilie

Knoblauchzehen schälen. **Zwiebel** schälen und hacken. Alle **Paprika** waschen, entkernen und grob in Würfel schneiden. • **Mehl** auf einen Teller geben, **salzen** und **pfeffern. Fischfilets** abwaschen, mit Küchenpapier trocken tupfen und im gewürzten Mehl wenden. • Reichlich **Sonnenblumenöl** in einer Pfanne erhitzen (der Fisch sollte darin fast schwimmen können) und die Fischfilets darin portionsweise von beiden Seiten jeweils 2–3 Minuten anbraten. Auf Küchenpapier abtropfen lassen. • Parallel dazu in einer anderen Pfanne **Olivenöl** erhitzen und die ganzen Knoblauchzehen darin goldbraun anbraten. Herausnehmen und entsorgen. Dann Zwiebeln und Paprika im aromatisierten Öl 2–3 Minuten anbraten. • Inzwischen **Tomaten** waschen, Stielansätze entfernen, klein würfeln und zur Paprikamischung geben. **Peperoncino,** falls verwendet, waschen, halbieren, entkernen, ebenfalls zufügen und 3–4 Minuten weiterbraten. • **Petersilie** abbrausen, trocken schütteln und hacken. • Den Fisch zur Paprikamischung in die Pfanne geben, Petersilie darüberstreuen und etwas vom Sud über die Fischfilets gießen. Heiß servieren.

Tomatenpaprika

Wie der Name schon suggeriert, ähneln Tomatenpaprika von der Form her Fleischtomaten. Sie sind süßlicher im Geschmack und aromatischer als die sonst üblichen Gemüsepaprika.

laktosefrei, frei von raffiniertem Zucker

Seppie in umido alla calabrese

Zubereitungszeit 20 Minuten plus ca. 20 Minuten Garzeit

Für 4 Personen
2 mittelgroße Kartoffeln
Salz
1 Knoblauchzehe
500 g TK-Tintenfischtuben, aufgetaut
10 Kirschtomaten
3–4 EL Olivenöl extra vergine
100 ml Weißwein
schwarzer Pfeffer aus der Mühle
1 Stängel glatte Petersilie

Kartoffeln schälen, etwa 2 cm groß würfeln und in **Salzwasser** etwa 10 Minuten kochen. • Inzwischen **Knoblauchzehe** schälen. **Tintenfischtuben** unter fließendem Wasser reinigen und in Ringe schneiden. **Tomaten** waschen und abtropfen lassen. • **Olivenöl** in einer Pfanne erhitzen, ganze Knoblauchzehe darin goldbraun andünsten. Tintenfischringe dazugeben und bei mittlerer Hitze 2–3 Minuten anbraten. • Mit **Wein** ablöschen und verkochen lassen. • Kartoffeln abgießen und mit in die Pfanne geben. Tomaten und etwa 100 ml Wasser hinzufügen, mit **Salz** und **Pfeffer** würzen. • **Petersilie** abbrausen, Blätter abzupfen, mit in die Pfanne geben und etwa 20 Minuten unter gelegentlichem Wenden schmoren, bis der Tintenfisch weich ist. Heiß servieren.

TIPP Dazu passen gegarte Erbsen, frisch aufgeschnittene Tomaten und Oliven.

Tonno con la cipolla rossa di Tropea in agrodolce

Zubereitungszeit 15 Minuten plus ca. 15 Minuten Garzeit und 15 Minuten Abkühlzeit

Für 4 Personen
2 rote Tropea-Zwiebeln oder andere rote Zwiebeln
1 EL Sonnenblumenöl
150 ml Rotwein
120 ml milder Weißweinessig
40 g brauner Zucker
600 g Thunfisch (Sashimi-Qualität)
Salz
schwarzer Pfeffer aus der Mühle
2–3 EL Olivenöl extra vergine

Zwiebeln schälen, halbieren und in Scheiben schneiden. Mit **Sonnenblumenöl** in einen Topf geben und dünsten. **Rotwein, Essig, Zucker** und 50 ml Wasser hinzufügen und bei niedriger Hitze 15 Minuten köcheln lassen. Vom Herd nehmen und etwa 15 Minuten abkühlen lassen. • Eine beschichtete Pfanne erhitzen. **Thunfisch** in vier gleich große Stücke schneiden und in der heißen Pfanne von beiden Seiten jeweils maximal 1 Minute anbraten. Er sollte nur von außen scharf angebraten werden und innen noch roh bleiben. Mit **Salz** und **Pfeffer** würzen und auf Teller geben. • Mit **Olivenöl** beträufeln, die süßsauren Zwiebeln darauf verteilen und servieren.

beide: laktosefrei, glutenfrei, Seppie auch: frei von raffiniertem Zucker

Tintenfische *(seppie)* gehören zur typischen süditalienischen Küche – serviert in unzähligen Varianten, ob im Salat, auf Panini, frittiert, gefüllt, mit Pasta, in Tomatensauce geschmort oder wie hier mit Kartoffeln und Tomaten. Die süßlichen Tropea-Zwiebeln sind einzigartig im Geschmack, aber auch andere rote Zwiebeln harmonieren gut mit dem Thunfisch.

Seppie in umido alla calabrese
Geschmorter Tintenfisch mit Kartoffeln und Tomaten

Tonno con la cipolla rossa di Tropea in agrodolce
Thunfisch mit süßsauren Tropea-Zwiebeln

STAUB

Coniglio alla cosentina

Kaninchen nach Cosenza-Art

Neben Schweinen und Hühnern hatte meine Tante Caterina auch viele Jahre Kaninchen. Heute kauft man Kaninchen meistens küchenfertig, wenn man es zubereiten möchte. Dieses Gericht stammt aus der Region Cosenza, die am Fuß des Sila-Gebirges liegt.

Zubereitungszeit 25 Minuten plus Marinierzeit über Nacht und ca. 30 Minuten Garzeit

Für 4 Personen
1 küchenfertiges ganzes Kaninchen
1 Zweig Rosmarin
1 Bioorange
2–3 Lorbeerblätter
1 l Rotwein von guter Qualität
Salz
schwarzer Pfeffer aus der Mühle
1 große Zwiebel
1 roter Peperoncino (Chili)
2–3 EL Olivenöl extra vergine
150 g entsteinte Oliven
2 Knoblauchzehen
2–3 frische Salbeiblätter
1 EL Kapern aus dem Glas, abgetropft

Kaninchen in Stücke schneiden, unter fließendem Wasser gut waschen, mit Küchenpapier trocken tupfen und in eine große Schüssel legen. • **Rosmarin** abbrausen und trocken schütteln. **Orange** waschen und die Schale fein abreiben. Rosmarin, Orangenschale und **Lorbeerblätter** zum Kaninchen geben, mit **Rotwein** übergießen und vermengen. Mit Frischhaltefolie abdecken und über Nacht im Kühlschrank marinieren. • Am nächsten Tag das Kaninchen aus der Marinade nehmen, trocken tupfen, **salzen** und **pfeffern.** Marinade durch ein feines Sieb passieren und beiseitestellen. • **Zwiebel** schälen, halbieren und in dünne Scheiben schneiden. **Peperoncino** waschen, längs halbieren und entkernen. • **Olivenöl** in einer großen Pfanne erhitzen. Kaninchenteile hineingeben und rundum anbraten. Zwiebel und Peperoncino hinzugeben und 3–4 Minuten weiterbraten. Dann mit 100 ml Rotweinmarinade ablöschen. • Inzwischen die Hälfte der **Oliven** in Ringe schneiden. **Knoblauchzehen** schälen und fein hacken. **Salbei** abbrausen und alles mit **Kapern** in die Pfanne geben. Die restlichen ganzen **Oliven** hinzufügen, den Deckel aufsetzen und bei niedriger Hitze etwa 30 Minuten köcheln lassen, dabei zwischendurch das Fleisch mit Garflüssigkeit übergießen. Bei Bedarf noch etwas von der restlichen Marinade hinzugeben. • Auf Tellern anrichten und servieren.

TIPP Dazu passen Kartoffeln und Gemüse wie Spinat, Mangold oder Paprika.

laktosefrei, glutenfrei, frei von raffiniertem Zucker

Dolci

SÜSSSPEISEN

Dolci kann man irgendwie nicht genug haben. Doch selbst der süße Teil eines Menüs bleibt meist ein kleines Special. In der Familie schließt man solch ein Menü oft mit Käse ab. Etwas Süßes kann es dennoch geben, doch im sehr warmen Süditalien ist das süße Highlight häufig ein Teller frisch aufgeschnittene Wassermelone. Nichtsdestotrotz freut man sich immer über ein cremiges Gelato, eine Granita oder das viele Gebäck und die Kuchenstücke Süditaliens.

Petrali

Süße Teigtaschen mit Nuss-Feigen-Füllung

Ein köstliches Gebäck! Die Petrali schmecken frisch super, aber am nächsten Tag sogar noch besser. In Italien isst man sie auch gern mit einem Cappuccino zum Frühstück.

Zubereitungszeit 45 Minuten plus Ruhezeit über Nacht und ca. 20 Minuten Backzeit

Ergibt ca. 35 Stück

FÜR DIE FÜLLUNG
1 Bioorange
250 g getrocknete Feigen
1 ½ EL Kakaopulver
1 EL Puderzucker
1 heißer Espresso (30 ml)
100 g geschälte Mandelkerne
50 g geröstete Haselnusskerne
100 g Walnusskerne

FÜR DEN TEIG
1 kg Weizenmehl tipo 00 (alternativ Weizenmehl Type 405) plus etwas zum Bestäuben
1 Biozitrone
250 g Butter
250 g Puderzucker
2 Pck. Backpulver
2 Pck. Vanillezucker
1 Prise Salz
4 Eier (Größe M)
80–100 ml Dessertwein (z. B. Vin Santo oder Marsala)

FÜR DEN BELAG
1 Ei (Größe M)
bunte Zuckerstreusel

Am Tag vorher für die Füllung die **Orange** waschen, trocken tupfen und die Schale fein abreiben. **Feigen** hacken, mit Orangenschale, **Kakao, Puderzucker,** heißem **Espresso** und allen **Nüssen** in den Standmixer geben und pürieren. (Alternativ einen Stabmixer verwenden, die Nüsse vorher fein hacken.) • In eine Schüssel geben, mit Frischhaltefolie abdecken und über Nacht im Kühlschrank ruhen lassen. • Am nächsten Tag den Backofen auf 180 °C Ober-/Unterhitze vorheizen. Zwei Backbleche mit Backpapier auslegen. • Für den Teig **Mehl** in eine Schüssel geben und in die Mitte eine Mulde drücken. **Zitrone** waschen, trocken tupfen und die Schale fein in die Schüssel reiben. **Butter** klein schneiden und in die Mulde geben. **Puderzucker** und **Backpulver** darübersieben, **Vanillezucker, Salz, Eier** und 80 ml **Dessertwein** dazugeben und alles zu einem Teig verarbeiten. Wenn der Teig zu fest ist, den restlichen **Dessertwein** hinzufügen. • Den Teig auf einer **bemehlten** Arbeitsfläche 4–5 mm dünn ausrollen und mit einem Ausstecher (Ø 8–9 cm) Kreise ausstechen. Die Teigreste zusammenfügen, erneut ausrollen und ausstechen. Es sollten etwa 35 Teigkreise entstehen. • Die Schüssel mit der Füllung aus dem Kühlschrank nehmen. Jeweils etwa 1 EL Nussmasse in die Mitte der Teigkreise legen, zu Halbmonden umklappen, die Ränder verschließen und auf die vorbereiteten Backbleche setzen. • Für den Belag das **Ei** verquirlen und die Teigoberflächen damit einpinseln. Mit **Zuckerstreuseln** bestreuen, beide Bleche in den vorgeheizten Ofen geben und etwa 20 Minuten goldbraun backen, dabei nach der Hälfte der Backzeit die Bleche tauschen. • Aus dem Ofen nehmen und die Petrali auskühlen lassen.

vegetarisch

Scalille calabresi

Frittierte „Locken" mit Honig

Frittiertes Gebäck wird in Süditalien vor allem an Weihnachten und zu Ostern gern mit Honig und passenden Gewürzen verfeinert. Bunte Zuckerperlen oder -streusel sind dabei als Dekoration sehr beliebt.

Zubereitungszeit 40 Minuten

Ergibt ca. 20 Stück
4 Eier (Größe M)
3 EL Zucker
2 EL Sambuca (Anislikör)
2 EL Olivenöl extra vergine
1 Prise Salz
1 Pck. Backpulver
450 g Weizenmehl tipo 00 (alternativ Weizenmehl Type 405) plus etwas zum Bestäuben
500 ml Pflanzenöl
300 g Honig
etwa 1 Msp. Zimt
bunte Zuckerstreusel (nach Belieben)

Eier, Zucker, Sambuca, Olivenöl, Salz und **Backpulver** in eine Schüssel geben und mit einer Gabel oder einem Schneebesen gut verrühren. Dann das **Mehl** nach und nach einarbeiten, bis ein Teig entsteht. Auf eine **bemehlte** Arbeitsfläche geben und mit den Händen weiterkneten. Sollte der Teig zu klebrig sein, noch ein wenig **Mehl** hinzufügen. • Den Teig in 35–40 g schwere Stücke teilen und zu etwa 20 cm langen Strängen rollen. Den Stiel eines Holzkochlöffels mit **Mehl** bestäuben, einen Strang drumwickeln und die Enden jeweils am Teig andrücken. Vom Stiel auf die Arbeitsfläche gleiten lassen. Restliche Teigstränge auf die gleiche Weise zu „Locken" formen. • Inzwischen **Pflanzenöl** in einem eher kleinen Topf erhitzen und die „Locken" darin einzeln (oder maximal zwei auf einmal) goldbraun frittieren. Auf Küchenpapier abtropfen lassen. • **Honig** und **Zimt** in eine Pfanne geben, erwärmen und die frittierten Scalille darin wenden. Dann auf einen Teller legen und nach Belieben mit bunten **Zuckerstreuseln** verzieren. Frisch servieren.

TIPP Wer Honig und Zuckerstreusel nicht so sehr mag, nimmt stattdessen Puderzucker. Maximal zwei „Locken" auf einmal frittieren, sonst sinkt die Öltemperatur zu schnell ab und das Frittierergebnis wird nicht optimal.

vegetarisch, laktosefrei

Pitta 'nchiusa

Kuchen mit Nuss-Honig-Schnecken

Zubereitungszeit 60 Minuten plus 60 Minuten Ruhezeit und ca. 60 Minuten Backzeit

Ergibt 16 Stücke

FÜR DIE FÜLLUNG
- 100 g Rosinen
- 2 EL Sambuca (Anislikör)
- 250 g Honig
- 200 g Walnusskerne
- 200 g geschälte Mandelkerne
- 50 g Pinienkerne
- 100 g getrocknete Feigen
- 1 TL Zucker
- 1 TL gemahlener Zimt
- 1 Bioorange

FÜR DEN TEIG
- 500 g Weizenmehl tipo 00 (alternativ Weizenmehl Type 405) plus etwas zum Bestäuben
- 1 Pck. Backpulver
- 200 ml Olivenöl extra vergine plus etwas zum Bestreichen
- 100 ml Dessertwein (z. B. Marsala oder Vin Santo)
- 2 Eier (Größe M)
- 1 Prise Salz

AUSSERDEM
- Springform (Ø ca. 28 cm)

Für die Füllung **Rosinen** mit **Sambuca** und 200 ml Wasser in eine Schale geben und mindestens 30 Minuten ruhen lassen. • **Honig** in eine große Schüssel geben, auf ein heißes Wasserbad setzen und erwärmen. • Inzwischen **Walnüsse, Mandeln, Pinienkerne** und **Feigen** grob hacken und in eine Schüssel füllen. • 2 EL erwärmten Honig in eine Tasse geben, **Zucker** und **Zimt** einrühren und beiseitestellen. • Die Schüssel mit dem Honig vom Wasserbad nehmen. **Orange** waschen, trocken tupfen und die Schale fein über den Honig reiben. Rosinen abgießen, ausdrücken und zufügen. Nussmischung zugeben, vermengen und beiseitestellen. • Für den Teig **Mehl** und **Backpulver** in eine Schüssel geben, **Olivenöl, Dessertwein, Eier** und **Salz** hinzufügen und mit den Quirlen des Handrührgeräts zu einem weichen Teig verrühren. Mit Frischhaltefolie abdecken und 60 Minuten bei Raumtemperatur ruhen lassen. • Den Backofen auf 170 °C Ober-/Unterhitze vorheizen. Den Boden der Springform mit Backpapier auslegen und den Springformrand anlegen. • Den Teig in drei Portionen teilen (einmal etwa 300 g und zweimal à etwa 220 g). Das größere Teigstück auf einer **bemehlten** Arbeitsfläche zu einem etwa 28 cm großen Kreis ausrollen, in die vorbereitete Form legen und mit etwas **Olivenöl** bepinseln. Dann etwas vom beiseitegestellten gewürzten Honig auf dem Teigboden verstreichen. • Die beiden anderen Teigstücke etwa quadratförmig ausrollen. Die Füllung jeweils entlang eines Rands der Teigplatten geben und aufrollen. Die Rollen in etwa 3 cm breite Stücke schneiden und nebeneinander mit den Schnittflächen in die Backform legen. Mit restlichem gewürztem Honig bestreichen und im vorgeheizten Ofen etwa 60 Minuten goldgelb backen. • Herausnehmen und den Kuchen auskühlen lassen.

TIPP Pitta 'nchiusa hält sich gut verpackt mehrere Wochen. In Kalabrien isst man den Kuchen gern, wenn er ausgetrocknet und sehr fest ist.

vegetarisch, laktosefrei

Es gibt keinen wichtigeren Kuchen als die Pitta 'nchiusa, auch als Pitta 'mpigliata bekannt. Ein typischer kalabrischer Dessertkuchen, dessen Ursprünge bis 1700 zurückreichen und der hauptsächlich für Hochzeiten zubereitet wurde. Heute backt man ihn vor allem in der Weihnachts- und Osterzeit.

Mostaccioli-Gebäck nach traditioneller Art als Geschenk für verschiedene Anlässe.

Pina Avena in Carfizzi bei der Zubereitung des traditionellen Gebäcks.

Cuzzupe
Osternester

Savoiardi della nonna
Löffelbiskuits nach Großmutter-Art

Cuzzupe

Traditionelles Ostergebäck, das noch heute für die Kinder gebacken wird. Früher wurde Schmalz für den Teig verwendet, heute ist es üblich, mit Butter zu backen.

Zubereitungszeit 15 Minuten plus 2 Stunden Ruhezeit und ca. 20 Minuten Backzeit

Ergibt 6 Nester

1 kg Weizenmehl tipo 00 (alternativ Weizenmehl Type 405)
250 g Zucker
25 g frische Hefe
200 ml handwarme Milch (3,5 % Fett)
10 Eier (Größe M)
200 ml Olivenöl
fein abgeriebene Schale von 1 Biozitrone
1 Eigelb (Größe M)
bunte Zuckerstreusel

Mehl und **Zucker** in einer Schüssel vermischen und eine Mulde hineindrücken. **Hefe** in der **Milch** auflösen, in die Mulde gießen. Vier **Eier, Olivenöl** und **Zitronenschale** hinzufügen, per Hand zu einem Teig verarbeiten, abdecken und bei Raumtemperatur 2 Stunden gehen lassen. • Inzwischen restliche **Eier** hart kochen, abgießen und abkühlen lassen. • Den Backofen auf 180 °C Ober-/Unterhitze vorheizen. • Aufgegangenen Teig in zwölf gleich große Stücke teilen und diese zu 2–3 cm dicken Strängen formen. Je zwei Stränge miteinander verdrehen, zu runden Kränzen formen und die Enden zusammendrücken. • Auf ein mit Backpapier ausgelegtes Backblech legen, je ein hart gekochtes Ei in die Mitte setzen. **Eigelb** verquirlen und die Teiglinge damit bestreichen. Mit **Zuckerstreuseln** bestreuen und im vorgeheizten Ofen etwa 20 Minuten goldgelb backen. • Herausnehmen und die Nester auskühlen lassen.

Savoiardi della nonna

Zubereitungszeit 30 Minuten plus 20 Minuten Backzeit

Ergibt 30–40 Stück

500 g Weizenmehl tipo 00 (alternativ Weizenmehl Type 405) plus etwas zum Bestäuben
3 Eier (Größe M)
120 g Zucker
1 Pck. Vanillezucker
15 g Backpulver
60 ml Sonnenblumenöl
120 ml Milch (3,5 % Fett)

Den Backofen auf 170 °C Umluft vorheizen. • **Mehl** in eine Schüssel geben und eine Mulde in die Mitte drücken. **Eier** in eine andere Schüssel geben und mit dem Schneebesen verquirlen. 100 g **Zucker, Vanillezucker, Backpulver** und **Öl** einrühren und in die Mehlmulde gießen. **Milch** hinzufügen, mit einem Teigspatel mischen, dann von Hand zu einem elastischen, weichen Teig kneten. • Nudelholz mit **Mehl** bestäuben und den Teig auf einer gleichmäßig **bemehlten** Arbeitsfläche etwa 5 mm dünn ausrollen. Dann mit einem Teigroller in etwa 4 cm breite und 10 cm lange Streifen schneiden. Mit restlichem **Zucker** bestreuen, auf zwei mit Backpapier ausgelegte Backbleche geben und im vorgeheizten Ofen 20 Minuten goldbraun backen. • Herausnehmen und auskühlen lassen.

beide: vegetarisch

Mostaccioli

Honiggebäck

Mostaccioli haben ihren Ursprung in Soriano Calabro, einer kleinen kalabrischen Stadt in der Provinz Vibo Valentia. Es heißt, dass Kartäusermönche des einige Kilometer entfernten Klosters „Santo Stefano" die Süßwarenkunst an die Dominikanermönche von Soriano Calabro weitergegeben haben. Deren Kloster war eines der reichsten Dominikanerklöster Europas, das aber 1659 und dann noch mal 1783 von schrecklichen Erdbeben fast vollkommen zerstört wurde.

Zubereitungszeit 25 Minuten plus 35–40 Minuten Backzeit

Ergibt 3–4 Stück

FÜR DEN HONIGTEIG

550 g Weizenmehl tipo 00 (alternativ Weizenmehl Type 405) plus etwas zum Bestäuben
8 g Backpulver (ca. ½ Pck.)
3 Eigelb (Größe M)
500 g Wildblumenhonig oder anderer fester Honig

FÜR DEN BELAG

200 g Wildblumenhonig oder anderer fester Honig
bunte Zuckerstreusel

Den Backofen auf 180 °C Ober-/Unterhitze (oder 160 °C Umluft) vorheizen. Ein Backblech mit Backpapier auslegen. • Für den Honigteig **Mehl** und **Backpulver** in eine Schüssel sieben und eine Mulde hineindrücken. **Eigelbe** und etwa 100 g **Honig** zufügen und mit einer Gabel alles langsam vermischen. Nach und nach den restlichen **Honig** einarbeiten. • Den Honigteig auf eine **bemehlte** Arbeitsfläche geben und mit den Händen weiterkneten, bis der Teig geschmeidig und homogen ist. • Vom Teig etwa 200 g abnehmen und für die Dekoration beiseitestellen. Den Rest in drei bis vier gleich große Stücke teilen, dann zu etwa 4 cm breiten und etwa 28 cm länglichen Streifen formen und diese bis zu 2 cm dick flach drücken. Die Teile auf das vorbereitete Backblech legen. Aus dem beiseitegestellten Honigteig lange dünne Stränge formen, diese fantasievoll und dekorativ auf die großen Stücke setzen und leicht andrücken. • In den vorgeheizten Ofen geben und 35–40 Minuten (bei Umluft 30 Minuten) goldbraun backen. • Herausnehmen und für den Belag die heißen Mostaccioli mit **Honig** bestreichen. Mit bunten **Zuckerstreuseln** dekorieren und auskühlen lassen.

TIPP Mostaccioli werden gern in Kekstüten verpackt und verschenkt. Genieße sie wie Cantuccini zum Kaffee.

vegetarisch, laktosefrei

Das Rosmarinfeld meines Freundes Domenico Petrillo vor seinem Agriturismo „La Mandragola" bei Crotone.

Eine einfache und sehr feine Crostata, die gern zur Brombeersaison gebacken wird, wenn die Brombeeren *(more)* an jeder Ecke wie Unkraut wachsen.

Crostata di more

Brombeerkuchen

Zubereitungszeit 30 Minuten plus mind. 4 Stunden Ruhezeit, 30 Minuten Kühlzeit und 40 Minuten Backzeit

Ergibt 6 Stücke

FÜR DIE FÜLLUNG

400 g Brombeeren (alternativ Blaubeeren)
75 g brauner Zucker
abgeriebene Schale von ½ Biozitrone

FÜR DEN TEIG

250 g Weizenmehl tipo 00 (alternativ Weizenmehl Type 405) plus etwas zum Bestäuben
125 g kalte Butter plus etwas zum Einfetten
1 Prise Salz
100 g Puderzucker
abgeriebene Schale von ½ Biozitrone
2 Eigelb (Größe M)

AUSSERDEM

Tarteform mit Hebeboden (Ø ca. 20 cm)

Für die Füllung **Brombeeren** abbrausen, abtropfen lassen, in eine Schüssel geben, mit **Zucker** und **Zitronenschale** bestreuen und kurz vermengen. Mit Frischhaltefolie abdecken und mindestens 4 Stunden oder über Nacht bei Raumtemperatur ruhen lassen. • Für den Teig **Mehl** in eine Rührschüssel sieben. **Butter** in kleine Stücke schneiden, mit **Salz** zum Mehl geben und mit den Quirlen des Handrührgeräts zu einer sandigen Mischung verarbeiten. • Auf die Arbeitsfläche geben, den **Puderzucker** darübersieben und mit **Zitronenschale** bestreuen. Eine Mulde in die Mitte drücken, **Eigelbe** hineingeben und alles erst mit einer Gabel, dann von Hand zu einem Teig verarbeiten. Zu einer Kugel formen, flach drücken, in Frischhaltefolie wickeln und 30 Minuten im Kühlschrank kalt stellen. • Den Backofen auf 175 °C Ober-/Unterhitze vorheizen. • Brombeeren in ein Sieb geben und abtropfen lassen. • Zwei Drittel des Teigs aus der Folie nehmen, den Rest wieder kalt stellen. Den Teig auf der **bemehlten** Arbeitsfläche mit einem **bemehlten** Nudelholz zu einem etwa 5 mm dicken und etwa 26 cm großen Kreis ausrollen. • Die Tarteform mit **Butter** einfetten, den Teig auf dem Nudelholz aufrollen, über der Backform abrollen, hineingleiten lassen und an Boden und Rand drücken (der Teig sollte die Form vollständig auskleiden). Mit einer Gabel mehrmals in den Boden stechen und überschüssigen Teig am Rand mit dem Nudelholz abrollen. • Die Beeren auf dem Boden verteilen. • Restlichen Teig auf Backpapier geben, Backpapier darüberlegen und zu einem 20 cm großen Kreis ausrollen. Auf die Beerenfüllung legen und am Rand andrücken. Mit einer Gabel mehrmals in den Teigdeckel stechen. • Im vorgeheizten Ofen auf der untersten Schiene 35 Minuten backen, dann auf der mittleren Schiene noch 5 Minuten goldbraun backen. • Herausnehmen und vollständig erkalten lassen.

vegetarisch

Crustoli

Frittiertes Weihnachtsgebäck mit Honig

Crustoli aus der Provinz Crotone gehören zu den wirklich typischen Weihnachtsgebäcken dieser Region. Schon die Zutaten verraten, dass es sich hierbei ursprünglich um eine Arme-Leute-Speise handelt. Wie viele andere Süßspeisen kommen Crustoli ohne Eier und Butter aus und waren und sind somit auch lange haltbar. Der Honig sorgt außerdem dafür, dass sie nicht austrocknen. Ohnehin ist es in Kalabrien nicht unüblich, Kekse, Gebäck und auch Brot zu essen, wenn sie trockener und fester sind, als man es sonst in anderen Teilen Italiens gewohnt ist.

Zubereitungszeit 45 Minuten

Ergibt 40–50 Stück
100 ml Rotwein
100 ml brauner Rum
150 ml Olivenöl extra vergine
1 EL Zucker
2–3 Gewürznelken
½ TL gemahlener Zimt
750 g Semola di grano duro (Hartweizenmehl; alternativ fein gemahlener Hartweizengrieß) plus etwas zum Bestäuben
Sonnenblumenöl
300 g Honig

Rotwein, Rum, Olivenöl, Zucker, Nelken und ¼ TL **Zimt** in einen Topf geben, umrühren und zum Kochen bringen. • **Hartweizenmehl** in eine Schüssel geben, in die Mitte eine Mulde drücken. Heiße Flüssigkeit durch ein Sieb hineingießen, mit einem Holzlöffel zu einem Teig verrühren, dann von Hand behutsam kneten (der Teig soll nicht zu fest werden). • Aus dem Teig etwa 2 cm große Kugeln formen und so über die Zinken am Gabelrücken drücken, dass Rillen entstehen. • In einer Pfanne so viel **Sonnenblumenöl** erhitzen, dass die Crustoli darin schwimmen können. Die Teigstücke darin portionsweise goldbraun frittieren, dabei zwischendurch wenden. Auf Küchenpapier abtropfen lassen. • Inzwischen **Honig** und 1 EL Wasser in einen Topf geben und einige Minuten kochen lassen. Restlichen **Zimt** einrühren, vom Herd nehmen. • Die Crustoli nacheinander im Honig wenden, auf einen Teller legen und den Honig fest werden lassen.

TIPP Falls du ein Gnocchibrettchen oder einen Pastaroller hast, kannst du diese zum Einkerben verwenden. Wer möchte, kann die Crustoli noch mit bunten Zuckerstreuseln verzieren.

vegetarisch, laktosefrei

Cuddrurieddi

Frittierte Hefekringel

Frittierter Hefeteig wird in Süditalien zu vielen Anlässen zubereitet. Diese Kringel nennt man auch Zeppole – sie haben in jeder Region, fast schon in jeder Stadt, einen anderen Namen.

Zubereitungszeit ca. 35 Minuten plus 30–40 Minuten Garzeit und 30 Minuten Ruhezeit

Ergibt ca. 18 Stück

1 kg Kartoffeln
Salz
25 g frische Hefe
1 kg Weizenmehl tipo 00
(alternativ Weizenmehl Type 405)
plus etwas zum Bestäuben
Sonnenblumenöl
Zucker (nach Belieben)

Wasser in einem Topf zum Kochen bringen. **Kartoffeln** gut waschen, ungeschält in das kochende Wasser geben, **salzen** und etwa 30–40 Minuten weich kochen. Abgießen, mit kaltem Wasser abschrecken, schälen und noch heiß mit einer Kartoffelpresse in eine Schüssel drücken. (Alternativ Kartoffeln mit einer Gabel so fein wie möglich zerdrücken.) • 280 ml handwarmes Wasser in eine Schüssel geben, **Hefe** und 1 TL **Salz** hinzufügen und mischen. Kartoffelpüree zum Hefewasser geben und gut verrühren. **Mehl** dazugeben und zu einem weichen Teig verarbeiten. • Aus der Masse mit **bemehlten** Händen etwa 18 Teigkugeln (à etwa 120 g) formen und mit Abstand auf eine **bemehlte** Arbeitsfläche legen. Mit einem Küchentuch abdecken und 30 Minuten gehen lassen. • Reichlich **Sonnenblumenöl** in einer Pfanne auf 170 °C erhitzen. • Mit einem Finger jeweils ein Loch in die Teigkugeln drücken, auseinanderziehen und zu Kringeln mit großem Loch formen. (Falls der Teig zu sehr klebt, die Hände bemehlen.) • Teigkringel portionsweise (pro Vorgang maximal zwei) insgesamt 2–3 Minuten im heißen Öl frittieren, dabei nach der Hälfte der Zeit wenden, bis sie von beiden Seiten goldbraun sind. Auf Küchenpapier abtropfen lassen. • Hefekringel nach Belieben in **Zucker** wenden und sofort servieren.

vegetarisch, laktosefrei

Von Strongoli über den Crotonese blickend.

Graffe crotonesi

Mit Creme gefüllte Krapfen

Graffe crotonesi

Mit Creme gefüllte Krapfen

Die Graffe könnte man am ehesten mit einem Berliner vergleichen. Ein süßes Teilchen, das ich mir auf meinen Reisen in Kalabrien nicht verkneifen kann. Immer wenn ich mich auf den Weg zum Wochenmarkt in der Hafenstadt Crotone mache, brauche ich zuerst ein Stück Pizza auf die Hand bei meinem Lieblings-Streetfood-Stand und danach gibt es eine Graffe und einen doppelten Espresso.

Zubereitungszeit 60 Minuten plus Abkühlzeit und Kühlzeit über Nacht, ca. 4 Stunden 20 Minuten Ruhezeit und 40–50 Minuten Garzeit

Für 10–12 Stück

FÜR DIE CREME
- 50 g Weizenmehl tipo 00 (alternativ Weizenmehl Type 405)
- 25 g Speisestärke
- 150 g Zucker
- 500 ml Milch (3,5 % Fett)
- 1 TL Vanilleextrakt oder Rumaroma
- 75 g weiche Butter

FÜR DEN HEFEVORTEIG
- 120 ml Milch (3,5 % Fett)
- 10 g frische Hefe
- 150 g Weizenmehl tipo 0 (alternativ Weizenmehl Type 550)

FÜR DEN HAUPTTEIG
- 250 g Kartoffeln
- 1 Biozitrone
- 350 g Manitoba-Mehl (siehe Tipp) plus etwas zum Bestäuben
- 30 g Zucker
- 1 TL Vanilleextrakt
- 2 Eier (Größe M)
- 5 g Salz
- 75 g weiche Butter

ZUM FRITTIEREN UND BESTREUEN
- Sonnenblumenöl
- ca. 100 g Zucker

AUSSERDEM
- Spritzbeutel mit Tülle

vegetarisch

Am Vortag für die Creme **Mehl, Stärke** und **Zucker** in einer Schüssel mischen. 200 ml **Milch** unter Rühren mit dem Schneebesen zugießen und klümpchenfrei einarbeiten. • In der Zwischenzeit restliche **Milch** in einem Topf handwarm erwärmen. Die angerührte Mehlmischung unter Rühren in den Topf geben und bei niedriger Hitze unter ständigem Rühren zu einer Creme eindicken lassen (sie sollte die Konsistenz von flüssigem Pudding haben). **Vanilleextrakt** einrühren, beiseitestellen und erkalten lassen, dabei Frischhaltefolie direkt auf die Creme legen, damit sich keine Haut bildet. • **Butter** in einer Schüssel schaumig schlagen, die kalte Creme nach und nach unter Rühren einarbeiten. In den Spitzbeutel mit Tülle füllen und im Kühlschrank über Nacht kalt stellen. • Am nächsten Tag für den Hefevorteig **Milch** in eine Schüssel geben und **Hefe** darin auflösen. **Mehl** einrühren, abdecken und an einem warmen Ort mindestens 60 Minuten gehen lassen. • In der Zwischenzeit für den Hauptteig **Kartoffeln** waschen, ungeschält in einen Topf mit kochendem Wasser geben und 30–40 Minuten weich kochen. Abgießen, abschrecken, schälen und durch eine Kartoffelpresse in eine Schüssel drücken. • Die **Zitrone** waschen, trocken tupfen und die Schale fein über dem Kartoffelpüree abreiben. **Mehl, Zucker** und **Vanilleextrakt** hinzugeben. **Eier** leicht verquirlen, mit dem Hefevorteig hinzufügen und alles zu einem Teig verarbeiten. **Salz** dazugeben und wieder kneten, bis ein glatter, homogener und elastischer Teig entsteht. Dann weiche **Butter** nach und nach in den Teig einarbeiten. • Abdecken und etwa 20 Minuten ruhen lassen, damit sich das Klebereiweiß entwickelt. Den Teig auf einer leicht **bemehlten** Arbeitsfläche leicht zu einem Rechteck drücken und zweimal wie ein Handtuch falten, indem man die vier Seiten zur Mitte einschlägt (so bekommt der Teig Spannung). Dann zu einer Kugel formen und abgedeckt etwa 2 Stunden ruhen lassen, bis sich das Teigvolumen verdoppelt hat. • Den Teig auf eine **bemehlte** Arbeitsfläche stürzen, erneut leicht zu einem Rechteck drücken und einmal wie ein Handtuch falten. Mit einem **bemehlten** Nudelholz etwa 1 cm dick ausrollen. Mit einem Ausstecher (Ø etwa 9 cm) Kreise aus dem Teig ausstechen. Teigreste zusammenfügen, erneut ausrollen und ausstechen. Es sollten zehn bis zwölf Teigkreise entstehen. • Auf ein mit Backpapier ausgelegtes Backblech legen, mit Frischhaltefolie abdecken und etwa 60 Minuten gehen lassen. Die Teigkreise sind bereit zum Ausbacken, wenn man mit einem Finger die Luft darin spürt. • Reichlich **Sonnenblumenöl** in einem Topf auf 170 °C erhitzen. **Zucker** in einen tiefen Teller geben. • Immer nur maximal zwei Teigkreise gleichzeitig mit der unteren Seite erst ins heiße Öl geben und hellbraun frittieren, schon nach etwa 10 Sekunden können sie gewendet werden. Die frittierten Krapfen kurz auf Küchenpapier abtropfen lassen, dann direkt im Zucker wälzen und auskühlen lassen. • Die Krapfen seitlich oder an der Oberfläche einschneiden und mit der kalten Creme aus dem Spritzbeutel füllen. Frisch genießen.

TIPP Manitoba-Mehl hat einen hohen Anteil an Klebereiweiß (Gluten) und kann viel Flüssigkeit aufnehmen, weshalb es sich gut für lange Teigführungen eignet. Manitoba-Mehl lässt sich schlecht ersetzen.

Chinulille

Teigtaschen mit Nuss-Nugat-Füllung

Chinulille werden vor allem in der Provinz Cosenza in der Weihnachtszeit zubereitet. Gefüllte Süßigkeiten sollen in Kalabrien Glück bringen. Diese Chinulille sind halbmondförmig und das Rezept für die Füllung variiert von Familie zu Familie.

Zubereitungszeit 25 Minuten plus 20–25 Minuten Backzeit

Ergibt 12–14 Stück

500 g Weizenmehl tipo 00 (alternativ Weizenmehl Type 405)
1 Pck. Backpulver
120 g Zucker
2 Eier (Größe M)
2 Eigelb (Größe M)
130 g weiche Butter
80 ml Sambuca (Anislikör)
1 Pck. Vanillezucker
80–100 g Nuss-Nugat-Creme
Puderzucker

Den Backofen auf 180 °C Ober-/Unterhitze vorheizen. Ein Backblech mit Backpapier auslegen. • **Mehl** und **Backpulver** auf die Arbeitsfläche sieben, eine Mulde in die Mitte drücken. **Zucker, Eier, Eigelbe, Butter, Sambuca** und **Vanillezucker** hineingeben und zu einem weichen Teig verkneten. • Den Teig auf der **bemehlten** Arbeitsfläche etwa 5 mm dünn ausrollen und 9–10 cm große Kreise ausstechen. Teigreste zusammenfügen, erneut ausrollen und ausstechen. Es sollten 12–14 Teigkreise entstehen. • Je 1 TL **Nuss-Nugat-Creme** auf die Mitte der Kreise setzen, zu einem Halbmond umklappen und die Ränder mit den Zinken einer Gabel andrücken. Auf das vorbereitete Backblech legen und im vorgeheizten Backofen 20–25 Minuten goldbraun backen. • Aus dem Ofen nehmen, abkühlen lassen und mit **Puderzucker** bestreut servieren.

vegetarisch

Zu guter Letzt

Der Einkaufs- und Ernährungs-assistent für unsere Kochbücher

Abschreiben oder Abfotografieren war gestern Rezepte aus unseren Kochbüchern kannst du kostenlos auf www.mengenrechner.de an die Personenzahl und individuelle Portionsgrößen anpassen und als E-Mail auf dein Smartphone schicken lassen oder gleich dort aufrufen. Zutaten können gestrichen, neue Zutaten ergänzt werden.

Rezept- und Zutatenfilter Suche zum Beispiel nach veganen, vegetarischen, glutenfreien, laktosefreien Rezepten oder nach Gerichten mit Zutaten, die du noch vorrätig hast. Speichere deine Lieblingsrezepte und Einkaufslisten.

Persönlicher Ernährungsassistent Sortiere Rezepte nach Kalorien, Kohlenhydraten, Fett- oder Eiweißgehalt. Berechne wissenschaftlich deinen täglichen Kalorienbedarf und -verbrauch. Lege Maximalwerte für Kalorien- oder Kohlenhydrataufnahme fest. Führe Tagesprotokolle mit Nährwertbilanz.

Zutaten- und Rezeptindex

Du suchst ein ganz bestimmtes Gericht oder nach einer Zubereitungsidee für vorrätige Zutaten? Das Register hilft dir schnell weiter: Alle Rezepte aus diesem Buch und die wichtigsten Komponenten sind hier alphabetisch gelistet.

P

W

Z

Autorendank

Ich danke an dieser Stelle besonders Christine Kluge, die mir seit vielen Jahren mit Rat und Tat zur Seite steht. Meinen ersten Buchvertrag hast du mir ermöglicht und heute sind wir nicht nur in konstruktivem Austausch, sondern darüber hinaus privat befreundet. Danke dem Team vom Becker Joest Volk Verlag, das mich mit offenen Armen empfangen und mich auf das nächste Level eines Buchautors gebracht hat. Natürlich danke ich allen Familien, Freunden und Partnern in Kalabrien, die bereit waren, mich bei diesem Projekt zu unterstützen – allen voran Martino Barretta, meinem Freund und langjährigen Partner in der Vereinigung der Landwirte, sowie meinen Produzenten des Vertrauens: Lavigna Santino, Astorino Salvatore, Greco Laura, Lucchetta Antonio und alle anderen.

Ein besonderer Dank gilt meinem sehr guten Freund Pino Maida. Ich fühle mich immer zu Hause, wenn ich bei euch zu Besuch bin. Danke an deine wunderbare Frau und deine beiden Töchter. Natürlich ein besonderer Dank an die Schwiegermutter Lucrezia, die sich für das Cumbito so viel Zeit genommen und Mühe gegeben hat.

Ich danke zwei Frauen ganz besonders: meiner Tante Caterina und meiner Cousine Agata (Tina). Ihr beide seid meine Inspiration für dieses Buch und steht für alle Frauen Kalabriens. Ich bin stolz, Teil dieser Familie zu sein, und all mein Wissen stammt aus euren Erklärungen.

Ich danke meinen Freunden, die mich in diesem Jahr auf der Genussreise durch Kalabrien begleitet und teilweise bei der Produktion dieses Buches dabei waren. Danke an meine Freunde Ralf und Rita Klein, die mich ebenfalls unterstützt haben, und an Benedicte und Jean, die auch Fotos gemacht haben.

Danke Francesca und Ettore von Bonanno Photographers, die erneut mit wunderbaren Fotos an einem meiner Bücher mitgewirkt haben. Danke, Ursula Basta, für die tolle Führung in meinem Dorf Pallagorio.

Danke an Domenico Petrillo und seine Frau Rosalba vom Agriturismo „La Mandragola" für die Unterstützung und die vielen tollen Rezepte. Danke an deren Köchin Marilena, die am Anfang sehr misstrauisch war. Danke dem Team vom „Ristorante MicoMare", dem Agriturismo „Barone Macri" in Gerace und Emiliana vom „Borgo Petelia". Danke an GAL KROTON, Jsea Beach, CERAUDO, Masseria De Tursi, Fili Meridiani, Panificio Greco, Cantina ZITO, Museo Archeologico

Ciro Marina, Giuseppe Taliente, Mercato di Crotone, Instaruga und Maria Teresa Iannone.

Natürlich wäre all das nicht ohne die Unterstützung meiner eigenen Familie möglich. Meine Söhne Juanito und Guliano und der jüngste Spross Santino sind fast immer und überall dabei. Meine Mama und meine Brüder freuen sich bei jeder dieser Reisen in Kalabrien über jedes Bild der Familie.

Am Ende bedanke ich mich bei jedem Einzelnen, der bisher ein Buch von mir gekauft hat – welches auch immer. Mein Leben hat sich seitdem komplett verändert. Bei so vielen italienischen Kochbüchern, die es auf dem Markt gibt, erfüllt es mich mit Stolz, dass meine Bücher zu den meistverkauften in Deutschland gehören. Das ist nicht selbstverständlich und umso mehr bin ich dankbar für die Unterstützung.

Die Reise geht weiter. Danke für diese Möglichkeit!
Euer Domenico

Verlagsdank

Lieber Domenico, danke, dass du uns mit auf diese kulinarische Reise genommen hast, in die Küchen deiner Nonna, von Zia Caterina, Cugina Tina und so vieler anderer. Authentischer geht es nicht! Die aromatischen Rezepte, die du von deiner Spurensuche mitgebracht hast, sind ein kulinarisches Highlight. Die Bilder zeigen Heimat, Herzblut und wahre Liebe zu gutem Essen, die seit Generationen Familien und Freunde verbindet. Danke an Hubertus Schüler, Stefan Mungenast und Benedikt Obermeier für die Food-Fotografie und das Foodstyling – eure Bilder sind echte Genussmomente für alle Fans authentischer italienischer Küche. Ganz herzlichen Dank an Şebnem Yavuz für das Rezeptlektorat und an Doreen Köstler für das Lektorat. Last, but not least ein großer Dank an Christine Kluge, die uns für dieses tolle Projekt zusammengeführt hat.

Der Verlag dankt allen Beteiligten, die durch ihre Mithilfe und Unterstützung zum Gelingen dieses Buches beigetragen haben. Für ihre unermüdlichen Bemühungen um die außerordentliche Qualität danken wir unseren Mitarbeiterinnen und Mitarbeitern Caroline Mohr, Valerie Mayer, Markus Neis, Katerina Stegemann und Annika Steinacker.

Impressum

Originalausgabe
Becker Joest Volk Verlag GmbH & Co. KG
Bahnhofsallee 5, 40721 Hilden, Deutschland

3. Auflage April 2026

ISBN 978-3-95453-290-2

WWW.MENGENRECHNER.DE
UNSER KOSTENLOSER VERLAGSSERVICE

Ausführliche Infos
Seite 182

Autor Domenico Gentile
Food-Fotografie Hubertus Schüler
Foodstyling Stefan Mungenast
Foto-Assistenz Benedikt Obermeier
Projektleitung Valerie Mayer
Leitung Grafik, Covergestaltung Dipl.-Des. Justyna Schwertner
Layout, Buchgestaltung, Buchsatz Dipl.-Des. Caroline Mohr
Bildbearbeitung Dipl.-Des. Markus Neis
Fachlektorat Rezepte Şebnem Yavuz
Lektorat Doreen Köstler
Druck Firmengruppe Appl, aprinta druck GmbH

BECKER
JOEST
VOLK
VERLAG
www.bjvv.de

Fotocredits Seite 6: Emira Digital, Seite 9: oben links: Jean-Francois Nagel, oben rechts: Domenico Gentile, unten: Emira Digital, Seite 10: Bonanno Pasquale, Seite 13: oben links und unten: Domenico Gentile, oben rechts: Jean-Francois Nagel, Seite 16–17: Emira Digital, Seite 19: oben links: Domenico Gentile, oben rechts und unten links: Jean-Francois Nagel, unten rechts: Emira Digital, Seite 20: oben links und rechts: Domenico Gentile, unten links und rechts: Jean-Francois Nagel, Seite 22: oben links und rechts: Emira Digital, unten: Domenico Gentile, Seite 23: Domenico Gentile, Seite 24–25: Emira Digital, Seite 26: Domenico Gentile, Seite 34–35: Emira Digital, Seite 42: Emira Digital, Seite 43: iStock, Seite 54–55: Domenico Gentile, Seite 59: iStock, Seite 60 kleines Foto: Emira Digital, Seite 64 kleines Foto: Jean-Francois Nagel, Seite 66 kleines Foto: Domenico Gentile, Seite 71 kleines Foto: Domenico Gentile, Seite 72: iStock, Seite 78: Emira Digital, Seite 79: Domenico Gentile, Seite 90–91: Domenico Gentile, Seite 95 kleines Foto: iStock, Seite 98 kleines Foto: Claudio Velerio, Seite 100 kleine Fotos: Domenico Gentile, Seite 102: Domenico Gentile, Seite 103: oben links: iStock, oben rechts und unten: Jean-Francois Nagel, Seite 108: Jean-Francois Nagel, Seite 109: Emira Digital, Seite 110: Domenico Gentile, Seite 122–123: Domenico Gentile, Seite 131 kleines Foto: Jean-Francois Nagel, Seite 132–133: Jean-Francois Nagel, Seite 144–145: Domenico Gentile, Seite 152: Domenico Gentile, Seite 160–161: Emira Digital, Seite 166–167: Domenico Gentile, Seite 174–175: Domenico Gentile, Seite 183: Domenico Gentile